DIE HEXE VON GRANADA

◆ **IM MÄRCHENLAND SPANIEN** ◆

Fotografien von Hans Siwik

DIE HEXE VON GRANADA

◆ IM MÄRCHENLAND SPANIEN ◆

Herder Freiburg · Basel · Wien

Der Fotograf dankt
dem Spanischen Fremdenverkehrsamt Frankfurt a. M.,
der AVIS-Autovermietung sowie der Fluggesellschaft IBERIA
für die hilfreiche Unterstützung.

INHALT

DAS MÄRCHEN VOM ZAUBERPFEIFCHEN

Warum aller Anfang
schwer ist

◆

„Wollt ihr, daß ich euch das Märchen vom Zauberpfeifchen erzähle?"

„Ja!"

„Schade! Wenn ihr gesagt hättet, daß ihr es nicht hören wollt, dann hätte ich es euch erzählt. Also: Wollt ihr, daß ich euch das Märchen vom Zauberpfeifchen erzähle?"

„Nein!"

„Schade! Wenn ihr gesagt hättet, daß ihr es hören wollt, dann hätte ich es gern erzählt. Also: Soll ich euch das Märchen vom Zauberpfeifchen erzählen?"

„Laß uns in Frieden!"

„Schade, sehr schade! Wenn ihr gesagt hättet, daß ihr es hören wollt, dann hätte ich es euch sicher erzählt!"

„Nun ja, erzähl!"

„Schade! Sehr, sehr schade! Wenn ihr gesagt hättet, daß ihr es nicht hören wollt, dann hätte ich es erzählt. Es ist ein schönes Märchen, auch wenn es kein Ende hat. Jetzt aber wirklich: Wollt ihr das Märchen vom Zauberpfeifchen hören?"

Die Ritter vom Fisch

Das Märchen
von den Zwillingsbrüdern

◆

Es war irgendwo einmal ein Land, in welchem man so viele Eisenbahnnen, Luftballons, Kanäle und Dampfschiffe baute, daß die Leute das zu Fuß Gehen ganz verlernten und darum alle Schuhmacher und Schuhflicker ihre Arbeit verloren; dürr und elend saßen sie bald da, ihrem Schicksal überlassen.

Eines dieser Opfer warf in seinem Unmut mit seinem Leisten nach der ersten Eisenbahn, die ihm entgegenkam, mit seiner Ahle nach dem aufgeblähtesten Dampfschiff, mit seiner Schürze nach dem aufgeblasensten Ballon, kaufte ein kleines Boot und ein Netz und wollte Fischer werden. So oft nun ein Dampfer in der Nähe seines Bootes vorbeifuhr, rief er mit lauter Stimme hinüber: „In seinem kleinen Kahn trotzt ein Schuhflicker den Dampfschiffen wie ein Fels der Brandung. Bilde dir bloß nicht ein, daß ich mich dir je unterwerfe!"

So rief unser Fischer. Was aber die Fische betraf, so fing er damit keinen einzigen; seine Baßstimme und das Geräusch der Dampfschiffe trieben sie alle weg. Es gab für ihn auf dem Meer geradeso wenig Fische wie auf dem Land zerrissene Schuhe. Da verzweifelte er endgültig und be-

schloß, sich ins Meer zu werfen, indem er meinte: „Esse ich keine Fische, so sollen die Fische mich essen, se va lo uno por lo otro, so oder anders, gleichviel."

Aber das Meer sah grade so grimmig aus, so schwarzgrau, so wild und unbändig, daß unser Schuster eine bessere Gelegenheit für seinen Plan abwarten wollte. Indes warf er sein Netz wieder aus, und siehe da, auf einmal fühlte er es ganz schwer. „Aha", dachte er, „es war doch gescheit, meinen Kopfsprung etwas aufzuschieben." Er zog das Netz aus dem Wasser und fand einen Petersfisch darin. Diese sind ganz außerordentlich, mit zwei runden schwarzen Flecken, von denen die Legende sagt, sie seien ihnen durch die Finger des heiligen Petrus eingedrückt worden.

Sobald der Schuster den schönen Fisch in Händen hatte, sprach dieser, der, wie es schien, nicht so stumm wie seine Brüder war: „Trag mich nach Haus, schneide mich in acht Stücke, bereite mich mit Salz und Pfeffer, Zimt, Krauseminze und Lorbeerblättern. Zwei Stücke gib deiner Frau zu essen, zwei deiner Mutterstute, zwei deiner Hündin, und die beiden übrigen pflanze in deinen Garten." Der Schuhflicker tat buchstäblich alles, was ihm der Fisch sagte, so groß war sein Vertrauen in dessen Worte.

Nach neun Monaten gebar die Frau des Schusters zwei Jungen, seine Stute warf zwei Füllen, seine Hündin zwei Welpen, und im Garten gingen zwei Lanzen auf, die als Blüten zwei Wappenschilde trugen, welche einen Silberfisch im blauen Feld hielten. Alles dies wuchs friedlich und gedeihlich miteinander auf, so daß Jahre später aus dem Haus des Schusters zwei schöne stattliche Ritter auf prächtigen, wunderschön gesattelten Pferden mit zwei aufgerichteten Lanzen und zwei glänzenden Schildern, von zwei tüchtigen Windhunden begleitet, herausritten.

Die Brüder, einander so ähnlich, daß man sie beide den Doppelritter nannte, wollten, wie es auch ganz recht war, ihre Persönlichkeit nicht verlieren und beschlossen darum, sich zu trennen

und einzeln die Welt zu durchziehen. Sie umarmten sich zärtlich und gingen, der eine gen Osten, der andere gen Westen.

Nach einigen Reisetagen kam der erste nach Madrid und fand die königliche Stadt, wie sie das Salzwasser ihrer Tränen in die reinen und süßen Wellen ihres geliebten Manzanares mischte. Alle Welt weinte, selbst die Maria blanca von der Puerta del Sol. Unser schöner Ritter fragte nach der Ursache dieser allgemeinen Trostlosigkeit und erfuhr, daß ein fürchterlicher Drache, der Sohn einer höllischen Alten, jährlich ein junges Mädchen erhalte, um sich während der übrigen Zeit ruhigzuhalten, und daß das Los diesmal auf die Königstochter gefallen sei, die eine so schöne und herzensgute Princesa wie keine andere sei.

Der Ritter fragte weiter, wo sich die Princesa befinde, und man sagte ihm, sie erwarte eine Viertelmeile vor der Stadt den Drachen, der jedesmal um zwölf Uhr komme, seine Beute mitzunehmen. Der Ritter eilte schnell zum bezeichneten Ort und fand die Princesa – vom Kopf bis zu den Füßen zitternd und ganz in Tränen aufgelöst.

„Flieht", rief sie ihm zu, „flieht, Unbesonnener! Der Drache kommt gleich, und dann seid Ihr verloren."

„Ich werde nicht weichen", antwortete der Ritter, „sondern komme, Euch zu retten."

„Mich retten? Das ist unmöglich."

„Ihr werdet es schon erleben", sagte der Ritter und sprengte blitzschnell zur Stadt zurück. Nach wenigen Minuten kam er mit einem großen Spiegel zurück, den er dort in einem Laden gekauft hatte. Er stellte ihn gegen einen Baum, bedeckte ihn mit dem Schleier der Princesa, stellte diese vor den Spiegel und sagte ihr, sobald der Drache nahe sei, solle sie schnell den Schleier zurückziehen und sich hinter dem Baum verstecken. Darauf entfernte er sich etwas und verbarg sich.

Es dauerte nicht lange, da erschien der Drache und kam langsam auf die Princesa zu, sie keck und unverschämt ansehend, so daß ihm nur die Stielbrille fehlte, um anderen kleineren und weniger gefährlichen Drachen zu gleichen. Als er nun endlich ganz nahe war, zog die Princesa schnell den Schleier vom Spiegel und versteckte sich hinter dem Baum. Der Drache war ganz verblüfft, als er seine verliebten Augen auf sein gräßliches Ebenbild gerichtet sah. Er verzerrte sein Gesicht – sein Gegenüber tat dasselbe; seine Augen wurden wie zwei feurige Kohlen – die seines Gegenmannes blieben nicht zurück; im Zorn

sträubte er seine Schuppen wie ein Igel in die Höhe – und ganz ebenso hoch stiegen die des anderen Drachen; er öffnete seinen fürchterlichen Rachen, der nicht seinesgleichen gehabt haben würde, hätte nicht sein Gegner, ohne sich schrecken zu lassen, den seinen ebenso weit aufgetan. Ungestüm stürzte er nun auf seinen unerschrockenen Gegner los und stieß dabei so heftig gegen das Spiegelglas, daß er ganz betäubt wurde. Überdies sah er nun in all den kleinen Stücken des entzweigestoßenen Spiegels Teile seines Körpers und glaubte nicht anders, als daß er sich selbst in lauter Stücke zerstoßen hätte. Der Ritter

benutzte diesen Augenblick, fiel mit seiner guten Lanze und seinem treuen Hund über den Drachen her und tötete ihn.

Man kann sich die Freude und den Jubel der Madrileños, die lustige Leute sind, denken, als sie den Ritter vom Fisch ankommen sahen. Er hatte die Princesa so froh wie ein Osterfest neben sich auf dem Pferd und schleifte den toten Drachen,

den er an den Schweif des Pferdes gebunden hatte, wie eine festliche Schleppe im Staub hinter sich her.

Man wird sich wohl auch denken, daß man die hohe Tat des edlen Ritters mit nichts anderem belohnte als mit der weißen Hand der Prinzessin, und daß es eine Hochzeit mit Gastmählern, Stiergefechten und Ritterspielen gab, und daß ich

auch dabei war, ohne übrigens von den Herrlichkeiten etwas abzubekommen.

Einige Tage nach der Hochzeit sagte nun der Ritter zu seiner Frau, er wollte gern einmal den ganzen Palast sehen, der so groß war, daß er eine Meile Landes bedeckte. Die Princesa willigte ein, und sie machten sich auf den Weg. Endlich, nach drei Tagen, war die Wanderung durch alle

Gemächer beendet, und am vierten stiegen sie auf die Terrasse. Wie erstaunt war der Ritter über die herrliche Aussicht: Da sah man ganz Spanien und sogar die Küste Afrikas!

„Was für ein Schloß ist das dort in der Ferne, das so einsam und düster aussieht?" fragte der Ritter, nachdem sie den wunderbaren Blick ausgiebig genossen hatten.

„Es heißt", erwiderte die Princesa, „Castillo Congoja, das Schloß der Angst, und ist verzaubert, ohne daß jemand den Zauber lösen kann. Wer dort hineingeht, der kommt nicht wieder heraus."

Der Ritter schwieg. Da er aber mutig war und Abenteuer liebte, stieg er am nächsten Morgen, ohne jemand etwas davon zu sagen, auf sein Pferd, nahm Degen, Lanze und Hund mit und machte sich gespannt auf den Weg zum Schloß der Angst.

Es war so entsetzlich, daß sich ein jeder fürchtete, der es nur sah, schwarz wie eine Gewitternacht, schweigsam wie eine Leiche, unwirsch wie ein Bösewicht. Aber der Ritter wußte von Furcht nichts weiter als den Namen, kehrte den Rücken nur dem überwundenen Feind und klopfte also laut am Tor an. Alle schlafenden Echos des Schlosses wachten auf und ließen näher und ferner das Klopfen im Chor nachklingen; doch kam keine andere Antwort. Da klopfte er noch einmal stärker mit der Lanze, und es öffnete sich nun ein kleines Gitterloch im Tor, hinter dem die lange Nasenspitze einer häßlichen Alten hervorguckte. „Was wollt Ihr, dreister Ruhestörer?" fragte sie mürrisch.

„Hineingelassen werden", antwortete der Ritter und hob dabei sein Visier in die Höhe. Als die Alte sein schönes Gesicht sah, wurde sie ganz freundlich und machte ihm bereitwillig die Tür auf.

„Nun, gute Alte –", begann der Ritter.

„Ich heiße Berberisca", fiel sie ihm empfindlich ins Wort, „und bin Erb- und Gerichtsfrau von Castillo Congoja."

„Oja, oja", riefen die Echos.

„Wollt ihr wohl schweigen, ihr Schreihälse!" schalt die Alte, und zum Ritter gewandt fuhr sie fort: „Wollt Ihr mich heiraten, so sollt Ihr Herr auf diesem Schloß sein und ein Leben haben wie ein Pascha."

„Ah, ah", lachten in einem fort die Echos.

„Euch sollte ich heiraten, Euch Hundertjährige?" antwortete der Ritter. „Ihr seid recht einfältig, fürwahr."

„Wahr, wahr, wahr", riefen die Echos.

„Was ich will", fuhr der Ritter fort, „ist nur das Schloß durchsuchen und fortgehen nach dem Examen."

„Amen, amen, amen", klang es nach.

Die Alte sah den Ritter aufgebracht von der Seite an und sagte, er solle ihr folgen, sie werde ihm alles zeigen. So geschah es, und der Ritter sah gar viele, viele prächtige Sachen. Doch konnte er sich nicht alles merken, denn die boshafte Berberisca führte ihn schnell weiter in einen dunklen Gang, wo sich plötzlich eine Falltür öffnete. Der Ritter, der nichts davon ahnte, fiel in einen tiefen Abgrund und vereinte nun seine Stimme mit denen der Echos, denn diese waren nichts anderes als die Stimmen anderer schöner und vortrefflicher Ritter, welche die ehrwürdigen Reize der Alten gleichfalls verschmäht hatten und von ihr in derselben Weise betrogen worden waren.

Kommen wir nun zum anderen Ritter vom Fisch. Dieser gelangte auf seiner Reise zuletzt auch nach Madrid. Aber welche Aufnahme erwartete ihn! Kaum trat er durch das Tor, als die Soldaten vor der Wache aufmarschierten, Trommeln wirbelten und Trompeten schmetterten und der Königsmarsch erklang. Die Diener des Palastes umringten ihn und teilten ihm mit, daß die Princesa in Tränen zerfließe und über seine lange Abwesenheit viele Ängste ausgestanden und viel geweint habe.

„Gewiß", dachte der Ritter, „hält man mich für meinen Bruder, der hier vermutlich sein Glück gemacht hat. Ich will doch einmal sehen, worauf das hinausgeht, und solange schweigen und er sein."

Man führte ihn wie im Triumph in den Palast, und König und Princesa empfingen ihn mit hohen Freuden.

„Du bist also zum Castillo Congoja geritten? Sag, wie bist du wieder herausgekommen, und wie ist es dir dort ergangen? Ich habe gefürchtet, dich nie wiederzusehen."

„Es ist mir nicht erlaubt, ein einziges Wort darüber mitzuteilen, bis ich nicht nochmals da gewesen bin."

„Wie", rief die Princesa, „du bist der einzige, der je vom verzauberten Schloß wiedergekehrt ist, und willst das Abenteuer zum zweiten Mal wagen?"

„Ich muß."

Darüber war der Abend angekommen, und beide begaben sich zum Schlafgemach. Der Ritter nahm seinen Degen und legte ihn auf das Lager der Princesa.

„Warum tust du das?" fragte sie.

„Weil ich das Gelübde getan habe", antwortete er, „auf keinem Lager zu ruhen, bis ich nicht von jenem Schloß wiedergekehrt bin."

Am Morgen bestieg er sein Pferd und machte sich auf den Weg zum Schloß, in Ungewißheit und Furcht wegen seines Bruders. Jetzt stand er am Tor und klopfte. Berberiscas Nasenspitze zeigte sich alsbald am Gitterloch, wurde aber sogleich noch einmal so lang und kreideweiß, denn die Alte dachte, als sie den Ritter sah, nichts anderes, als die Toten stünden auf.

„Heiliger Beelzebub", rief sie, denn für diesen Heiligen empfand sie eine besondere Verehrung, „heiliger Beelzebub, befreie mich von dieser Erscheinung", und mit diesen Worten lief sie schreiend weg.

„Señora", rief ihr der Ritter nach, „ist hier ein Ritter angekommen, der mir ähnlich sah? Nein oder ja."

„Ja, ja, ja", riefen die Echos.

„Lebt er, oder ist er tot?"

„Tot, tot, tot", klagten die Echos.

Als der Ritter das hörte, lief er der Alten nach und durchbohrte sie mit seinem Degen, und da sie klein und mager war und der Wind gerade stark wehte, drehte sie sich wie ein Windmühlenflügel um den Degen herum.

„Wo ist mein Bruder, du tückische Hexe?" fragte der Ritter.

„Ich will es Euch gern sagen", antwortete sie, „aber ich sterbe, und von all dem Drehen schwindelt mir der Kopf. Macht mich erst wieder lebendig."

„Wie kann ich das, alter Drache?"

„Geht in den Garten, nehmt Eisenhut, Klatschrosen und Drachenblut, kocht das in einem Kessel und badet mich darin", und kaum hatte sie das gesagt, da starb sie, ohne noch „Jesus" sagen zu können.

Der Ritter tat alles, wie ihm gesagt worden war, und machte die Alte wieder lebendig, nur war sie noch häßlicher als vorher, denn ihre große Nase hatte in dem Kessel keinen Platz gefunden und sah jetzt totenstarr und weiß aus wie ein Elefantenzahn.

Sie sagte nun dem Ritter, wo sein Bruder sei, und als der Ritter in jenen Abgrund hinunterstieg, fand er dort nicht allein seinen Bruder, sondern noch viele andere Ritter und sehr viele schöne señoras nobles, die der Drache ehemals dahin gebracht hatte. Er steckte sie darauf alle, einen nach dem anderen, in den Kessel und machte sie so wieder lebendig. Die Echos nahmen wieder von ihren Kehlen Besitz, sie verneigten sich voreinander und gingen dann alle zum Ritter, um ihm zu danken, und nach wenigen Sekunden standen lauter schmucke Pärchen da, denn sie alle waren lauter verzauberte Bräutigame und Bräute gewesen. Als Berberisca diese Lust und Freude sah, platzte sie vor Neid und starb für immer. ◆

Drei Apfelsinen mit einem Sprung

Das Märchen vom Jüngling,
der eine Liebste suchte

Nun, liebe Leute, also: Es war einmal eine Mutter, und die hatte einen Sohn, der war schon erwachsen. Sie hätte es gern gesehen, wenn er geheiratet hätte, doch er fand unter den Mädchen seines Dorfes keines, das ihm gefiel.

Eines Tages hörte er von einer alten Zauberin reden, und er ging zu ihr hin und sagte: „Meine Mutter will, daß ich heirate, doch finde ich keine Frau, die mir gefällt, und da bin ich zu Euch gekommen, um zu fragen, ob Ihr wißt, wo sich die schönste Frau der Welt befindet."

Die Alte, die noch Freude an ihren Augen hatte und sah, daß der Jüngling sehr hübsch war, sagte zu ihm: „Ich weiß, wo die Frau ist, die du suchst, und ich bin sicher, daß sie dir gefällt. Doch vorher mußt du tun, was ich dir sage. Sieh, du mußt diesen Weg hier gehen, geradeaus, immer geradeaus, und nach dem Schloß der drei Apfelsinen fragen. Wenn du es findest, geh in den Garten; dort wirst du einen sehr schönen Baum sehen, der nur drei Apfelsinen trägt. Du mußt versuchen, sie mit einem Sprung zu greifen, doch steige nicht auf den Baum, denn dann kannst du nicht wieder herunterkommen. Sobald du sie ge-

pflückt hast, mußt du sie mir herbringen, dann will ich dir sagen, wo sich die Frau befindet, die du suchst."

Nun gut: Er machte sich also auf den Weg und ging los, ging weiter und immer weiter. Nach langer Zeit erblickte er ein Schloß, er hielt darauf zu, klopfte an und bat um Unterkunft. Und die dort wohnte – es war ein junges Mädchen –, fragte ihn, was er denn nur in dieser Gegend vorhabe.

„Ich bin auf der Suche nach dem Schloß der drei Apfelsinen."

„Wo das ist, weiß ich nicht", sagte sie, „aber meine Mutter, die Sonne, wird bald kommen; vielleicht weiß sie es."

Und während sie noch miteinander sprachen, begann das Schloß zu leuchten, und schon kam die Sonne und strahlte eine solche Hitze aus, daß man es fast nicht aushalten konnte. Sobald sie eintrat, sagte sie: „Hijita, ich rieche Menschenfleisch; wenn du es mir nicht gibst, töte ich dich."

„Ay, Madre, ein armer Jüngling ist gekommen und hat mich nach dem Schloß der drei Apfelsinen gefragt; ich habe ihm gesagt, daß Ihr es vielleicht wißt."

„Das Schloß kenne ich nicht", sagte die Sonne, „doch soll er zu meinem Bruder, dem Mond, gehen; vielleicht weiß der es."

Und wieder machte sich unser junger Bursche auf den Weg und ging weiter und immer weiter, bis er ein anderes Schloß erblickte und dort hinging, um nach dem Schloß der drei Apfelsinen zu fragen. Ein junges Mädchen kam heraus und sagte, sie wisse es nicht, doch solle er nur hereinkommen, denn ihr Vater, der Mond, würde bald erscheinen, und vielleicht wisse der es ja.

Der Jüngling trat ein, und bald darauf erhellte sich das Haus allmählich, und dann wurde es hell wie der Tag. Das war der Mond, der ankam, und als er eintrat, sagte er zu seiner Tochter: „Ich rieche Menschenfleisch; wenn du es mir nicht gibst, töte ich dich."

„Ay, Padre, hier ist ein armer Jüngling, der von meiner Tante, der Sonne, kommt, um zu hören, ob Ihr vielleicht wißt, wo das Schloß der drei Apfelsinen liegt."

„Das weiß ich nicht", sagte der Mond, „doch soll er zu meinem Bruder, dem Ostwind, gehen; es kann gut sein, daß der es weiß, da er doch überall eindringt."

Der junge Bursche ging wieder fort und wanderte weiter und immer weiter.

Als er schon eine große Strecke zurückgelegt hatte, erblickte er wieder ein Schloß, und als er es erreicht hatte, fragte er wieder nach dem, was er suchte. Doch das junge Mädchen, das dort war, antwortete ihm, daß sie es leider nicht wisse, daß er aber doch auf ihren Vater warten solle, denn der habe es vielleicht gesehen.

Er war kaum eingetreten, da hörte er plötzlich einen entsetzlichen Lärm, und es erzitterte das ganze Haus, als ob es einstürzen wollte. Da kam auch schon der Ostwind herein mit fürchterlichem Geheul und sagte zu seiner Tochter: „Ich rieche Menschenfleisch; wenn du es mir nicht gibst, töte ich dich."

„Ay, Padre", sprach die Tochter, „hier ist ein armer Kerl, der von meinem Onkel, dem Mond, kommt, damit er von Euch, falls Ihr es wißt, erfahren kann, wo denn das Schloß der drei Apfelsinen liegt."

„Ja, das weiß ich", antwortete der Wind, „da muß er erst über den Berg, den man dort drüben sieht; auf der anderen Seite liegt das Schloß, das er sucht."

Der Jüngling, der sich wegen des Windes nicht gerade wohlfühlte, machte, daß er eiligst fortkam, und wanderte, wie man nur wandern kann, überstieg jenen Berg und sah ein so wunderbares Schloß vor sich, wie er noch keines gesehen hatte.

Da die Tore offenstanden und er niemand erblicken konnte, trat er ein und sah in einen prachtvollen Garten, in dem die verschiedensten Arten von Bäumen standen; darunter befanden sich auch viele Apfelsinenbäume, alle voll von Früchten, so daß er nicht wußte, von welchem er pflücken sollte.

Nachdem er mehrere Male suchend hin- und hergegangen war, sah er schließlich einen, der hatte nur einen Zweig, und an ihm hingen drei Apfelsinen; da sprach er bei sich: „Dies muß er sein", und hops! sprang er hoch und riß den ganzen Zweig auf einmal ab; dann rannte er aus

dem Schloß, voll Angst, jemand könnte ihm den Zweig wieder wegnehmen.

Und nun, liebe Leute, begann unser Bursche die lange Strecke wieder zurückzulegen, und als er mitten auf dem Weg war, bekam er Hunger, und da er nichts zu essen bei sich hatte, was tat er da? Er nahm eine Apfelsine und schnitt sie durch.

Kaum hatte er dies getan, da stand ein junges Mädchen vor ihm – und was für ein Mädchen! – und sagte zu ihm: „Gibst du mir Brot?"

„Ich habe keines", antwortete er.

„Dann geh ich wieder in meine Apfelsine und auf meinen Baum."

Und sie verschwand, und die Apfelsine schloß sich wieder.

Obwohl der Ärmste großen Hunger hatte, wagte er nun nicht mehr, noch eine Apfelsine zu öffnen, denn er fürchtete, es könnte ihm wieder so gehen. In der ersten Hirtenhütte, die er fand, bat er daher um ein wenig Brot. Man gab es ihm,

und er wanderte weiter, bis er eine gute Strecke von der Hütte entfernt war. Dann setzte er sich zur Rast nieder und schnitt die zweite seiner Apfelsinen durch.

Sofort stand ein Mädchen vor ihm, das war noch schöner als das erste, und sagte: „Gibst du mir Brot?"

„Hier hast du es", antwortete er.

„Und Wasser?"

„Das hab ich nicht."

„Dann geh ich wieder in meine liebe Apfelsine und auf meinen Baum." Und sie schlüpfte in die Apfelsine und verschwand; da hatte er nur noch eine einzige Apfelsine.

Und was tat er nun?

Er bewahrte das Brot auf und nahm sich vor, nicht eher davon zu essen, als bis er Wasser finden würde.

Und er ging weiter und immer weiter, bis er endlich an einem Abhang eine Quelle fand. Dort setzte er sich hin, holte sein Brot heraus, nahm die letzte Apfelsine, die ihm noch geblieben war, in die Hand und schnitt sie durch.

Es erschien ein Mädchen, das anzusehen eine wahre Freude war; wenn die beiden anderen schon schön gewesen waren, so war dieses doch noch hundertmal schöner.

Der Jüngling kam bei seinem Anblick aus dem Staunen gar nicht mehr heraus, bis es schließlich sagte: „Gibst du mir Brot?"

„Hier hast du es", antwortete er.

„Gibst du mir Wasser?"

„Ja", sagte er und bot ihr welches an.

„Nun wirst du mit mir glücklich werden", sagte sie und trank das Wasser aus. Dann machten sie sich zusammen auf den Weg, und er wußte sich vor lauter Glück nicht zu fassen.

Sie gingen und gingen, bis sie schließlich das Heimatdorf unseres Burschen erblickten; und da sie von dem langen Marsch etwas verwildert aussahen, wollte er nicht so mit ihr ins Dorf gehen, und als sie an einer Quelle vorbeikamen, an der ein sehr großer Baum stand, sagte er zu ihr: „Hör mal, ich möchte nicht, daß du so mit ins Dorf

kommst; darum will ich vorher nach Hause gehen und eine Droschke holen und dich darin heimfahren. Steig du inzwischen auf den Baum und warte, bis ich zurückkomme."

Nun, sie stieg also auf den Baum, und da die Zweige über der Quelle hingen, konnte sie sich im Wasser sehen. Er war indessen fortgegangen, um die Droschke zu holen.

Nach einiger Zeit kam ein häßliches Mädchen mit einem Wasserkrug an die Quelle. Als sie den Krug füllen wollte und sich hinunterbeugte, erblickte sie im Wasser das Gesicht des Mädchens auf dem Baum, und da sie glaubte, es sei ihr eigenes, sagte sie: „Du bist schön, und ich bin häßlich, mein Krüglein will ich zerbrechen und nach Hause gehen."

Und bums! warf sie den Krug hin, daß er in tausend Stücke zerbrach. Dann ging sie fort, doch kam sie bald darauf mit einem anderen Krug wieder und tat dasselbe.

Und sie kam zum dritten Mal, und nun mit einem Krug aus Blech, den ihr ihre Herrin gegeben hatte, damit sie ihn nicht wie die anderen zerschlagen konnte. Sie beugte sich über die Quelle, und da sie wieder das Gesicht des Mädchens auf dem Baum sah, sagte sie: „Du bist schön, und ich bin häßlich, mein Krüglein will ich zerbrechen und nach Hause gehen."

Und bums! bums! bums! Stöße hier und Stöße da; doch weil der Krug aus Blech war, bekam er zwar eine Beule nach der anderen, zerbrach aber nicht.

Und die Arme war mit einem solchen Eifer bei der Sache, daß schließlich das Mädchen auf dem Baum in Gelächter ausbrach; als die andere das hörte, sah sie nach oben, erblickte das schöne Mädchen und sagte: „Hola, belleza! Soll ich hinaufkommen und dich lausen?"

„Nein, ich steig hinunter."

„Nein, ich steig hinauf."

Und sie stieg auf den Baum und machte sich ans Lausen, und als das Mädchen es sich unbesorgt gefallen ließ, zog sie eine lange Nadel heraus und stieß sie ihr in den Kopf. Das Mädchen schrie auf und verwandelte sich in eine schöne schneeweiße Taube.

Die Häßliche stieg hinunter, nahm ihren Krug und ging nach Haus.

Bald darauf kam der Jüngling mit der Droschke zurück, doch so sehr er auch suchte, nirgendwo fand er sein Mädchen. Da wurde er ganz betrübt und bereute, sie dort allein gelassen zu haben; weil aber nun nichts mehr daran zu ändern war, entschloß er sich, nach Hause zu gehen; und da er auf dem Baum das hübsche kleine Täubchen sah, das nicht fortflog, fing er es und nahm es mit sich nach Hause, wo er seiner Mutter alles erzählte, was ihm widerfahren war.

Die Mutter und der Sohn bekamen das kleine Täubchen so lieb, daß sie sich nicht entschließen konnten, es einzusperren, und es fliegen ließen, wohin es wollte. Vor allem die Mutter trug es immer bei sich in ihrem Rock und liebkoste es. Eines Tages nun sah sie, daß die Taube sich mit den kleinen Beinchen immer den Kopf kratzte, und da die Mutter schließlich glaubte, das Tierchen habe Läuse, begann sie, es zu lausen, und bemerkte dabei die Nadel.

„Ay, mein armes kleines Vögelchen", sagte sie, „wie ist denn bloß diese Nadel in dein Köpfchen gekommen? Warte nur, dir wird gleich geholfen."

Da sie sich aber nicht getraute, die Nadel selbst herauszuziehen, weil sie das Täubchen nicht verletzen wollte, bettete sie es vorsichtig auf ein Kissen und eilte dann geschwind aus dem Haus, um ihren Sohn zu holen, der auf dem Feld arbeitete.

Als der seine Mutter schon von weitem rufend und winkend herankommen sah, ließ er sogleich alles stehen und liegen und rannte ihr entgegen.

„Por Dios! Was ist geschehen?"

Und als sie ihm von ihrer Entdeckung erzählt

hatte, kehrten sie gemeinsam nach Hause zurück, und der Sohn zog ganz sachte die Nadel aus dem Kopf des Täubchens. Aber welch Wunder geschah da! Kein einziger Blutfleck verunzierte das weiße Gefieder, und kaum war das letzte Stück der Nadel herausgezogen, da verwandelte sich das Vögelchen sogleich in ein Mädchen, und in was für ein Mädchen! Mit einem lauten Schrei der

Freude umarmte der Sohn sie, und sie küßten sich, und dann sagte er: „Madre, dies ist das Mädchen, das ich auf dem Baum zurückließ."

Da umarmte auch die Mutter sie, und dann fragten die beiden, wie es gekommen sei, daß sie sich in eine Taube verwandelt habe, und darauf erzählte sie ihnen alles, was sie an der Quelle erlebt hatte; da ließ der Sohn sogleich das häßliche Mädchen suchen, das eine Zauberin war und alles aus Neid getan hatte.

Weil jene aber gesehen hatte, wie aufgeregt die Mutter auf das Feld geeilt war, hatte sie sich auf eins und eins zusammengezählt, daß ihr Zauber entdeckt worden war, und war geflohen. Da sie aber inzwischen all ihre Zauberkraft verloren hatte, mußte sie zu Fuß gehen, anstatt einfach an ihrem Ringlein zu drehen, und so wurde sie bald entdeckt und vor den Richter geschleppt. Der verurteilte sie zum Tode, und sein Spruch wurde sogleich vollstreckt.

Der Jüngling aber heiratete das Mädchen aus der Apfelsine, und sie feierten drei Tage lang und wurden sehr glücklich miteinander. So ist es gewesen, und wer mir das nicht glauben will, der soll nur kommen und fragen! Hier ist mein Stock! ♦

Die Hexe von Granada

Das Märchen vom neugierigen Hexenlehrling
und vom ungläubigen Pfarrer

♦

In früheren Zeiten gab es viele Hexen. Man sagt, heutzutage gäbe es noch mehr, aber sie hielten sich mehr im geheimen. Ich weiß es nicht, und gleich, wie es nun sei, die Geschichte, die ich erzählen will, hat sich schon vor langer Zeit zugetragen.

Da lebte in Granada an der Plaza S. Niccolo eine Hexe. Und jeden Abend, wenn sie aus dem Haus gehen wollte, ging sie in die Küche und nahm aus einem Schrank einen Topf mit einer schwarzen Salbe, die sie sich auf Arme und Beine schmierte. Danach setzte sie sich auf einen Besen und rief:

> „Über die Stadt, über die Wälder,
> Fliege hurtig, lieber Besen!
> Trag mich hin und bring mich heim,
> Als wäre nichts gewesen!"

Und schon erhob sich der Besen, und dann flog die Hexe durch das Dach ihres Hauses und weiter über ganz Granada und alle Wälder hinweg.

Sie hatte nun einmal einen Lehrling aufgenommen, der die Zauberkunst erlernen wollte. Da sie ihn abends aber immer zeitig auf seine Kammer schickte, wurde er neugierig zu erfahren, was da in ihrer Stube bloß vor sich ginge.

So legte er sich an einem Abend in sein Bett, löschte das Licht, blieb aber wach. Als die Hexe hereinkam, um zu sehen, ob er auch wirklich schliefe, verstellte er sich und schnarchte laut. Und als die Hexe wieder hinausgegangen war, schlich er ihr nach und sah, wie sie sich mit der schwarzen Salbe einrieb, den Zauberspruch aufsagte und durch das Dach davonflog. Da sagte er: „Das will ich auch machen; ich will auch fliegen."

Nun gut; er ging also hin, nahm die Salbe, ergriff einen Besen und rief:

> „Über die Stadt, durch die Wälder,
> Fliege hurtig, lieber Besen!
> Trag mich hin und bring mich heim,
> Als wäre nichts gewesen!"

Und schon flog er davon. Aber – o weh! – er hatte nicht genau aufgepaßt und den Spruch nicht gut gesagt. Statt *„über* die Wälder" hatte er *„durch* die Wälder" gerufen. Und so flog der Besen wohl zuerst über die Stadt, aber dann durch die Wälder hindurch, daß die Fetzen flogen. Zweige und dornige Sträucher zerkratzten den Unglücklichen, so daß er kaum noch ein Stückchen Haut am Leibe

besaß (natürlich mit Ausnahme der Partie, mit der er auf dem Besen saß) und ganz blutig wieder zu Hause ankam.

So fand ihn die Hexe vor, als sie zurückkehrte, und sie erkannte sofort, wie sich alles zugetragen haben mußte. Da verabreichte sie ihm mit dem Besen eine tüchtige Tracht Prügel, daß er noch blutiger wurde.

Schön und gut; dieselbe Hexe war einmal bei Leuten zu Besuch, und da niemand wußte, daß sie eine Hexe war, fing man an, von Hexen zu reden. Es war dort auch der Pfarrer von S. Niccolo, der sagte, es gäbe keine Hexen, er glaube nicht daran. Da dachte die Hexe bei sich: „Nun hört nur, der glaubt nicht an Hexen. Heute nacht werde ich ihm zeigen, daß es sie gibt!"

Und am Abend, als der Pfarrer schon schlief, ging die Hexe zu ihm, holte ihn aus seinem Bett und flog mit ihm zum Tanzplatz der Hexen und Zauberer. Und wie die Hexen ihn sahen, fingen sie alle an zu lachen und schrien: „Seht nur den fetten Schwarzkittel!"

Der Pfarrer zitterte vor Todesangst und glaubte bereits, sein letztes Stündlein hätte geschlagen, da nahm ihn die Hexe beiseite und sagte: „Glaubt Ihr nun, daß es Hexen gibt?"

Der Pfarrer, der vor lauter Schlottern und Bibbern gar nicht mehr zu sprechen wußte, nickte bloß heftig mit dem Kopf. Da sagte die Hexe, die erreicht hatte, was sie wollte: „Wenn Ihr versprecht, alles zu verschweigen, so will ich Euch heil zurückbringen."

„Ich verspreche alles, wenn ich hier nur nicht länger bleiben muß", jammerte der Pfarrer. Da nahm ihn die Hexe wieder auf den Besen und brachte ihn in Windeseile wohlbehalten ins Pfarrhaus zurück.

Und so kam es, daß der Pfarrer nie wieder sagte, daß es keine Hexen gäbe, und da er versprochen hatte, Stillschweigen zu bewahren, hütete er sich davor, irgend jemandem auch nur ein Sterbenswörtchen zu erzählen. ◆

DER BLAUE DELPHIN

Das Märchen
von den Kindern des Fischers

Vor vielen, vielen Jahren lebte in einem kleinen Dorf an der Küste ein Fischer mit seiner Frau. Sie waren glücklich, doch es quälte sie sehr, daß sie keine Kinder hatten. Sie fragten Ärzte und Kräuterfrauen um Rat, aber niemand konnte ihnen helfen.

Eines Tages überraschte den Fischer ein heftiger Sturm und trieb sein Boot zu einer Insel, die weit von der Küste entfernt lag. Auf dieser Insel stand bei einer Bucht eine ärmliche Hütte, und vor der Hütte saß ein uralter Mann. Er sah den Fischer näherkommen, stand auf und sagte freundlich: „Bienvenido! Wo kommst du her? Hier ist schon lange niemand mehr gewesen."

Der Fischer grüßte höflich und antwortete: „Ein heftiger Sturm hat mein Boot hierher getrieben."

„Und du fährst allein aufs Meer?" fragte der Alte erstaunt. „Hast du denn keinen Sohn, der dir beim Fischfang hilft?"

„Keinen", erwiderte der Fischer traurig, „und auch keine Tochter; das quält meine Frau und mich sehr. Wir haben schon Ärzte und Kräuterfrauen um Rat gefragt, aber vergebens."

Als der Fischer so gesprochen hatte, seufzte er tief, während der Alte sagte: „Ich will dir einen Rat geben. Fang den pechschwarzen Fisch, den soll deine Frau braten und essen. Dann wird sie guter Hoffnung werden."

Der Fischer fuhr seit frühester Jugend aufs Meer, aber von so einem Fisch hatte er noch nie gehört. Darum fragte er: „Kannst du mir auch sagen, wo ich diesen Fisch finden kann?"

„Er lebt tief unten am Grund des Meeres", sagte der Alte, „und nie kommt er an die Oberfläche. Das ist alles, was ich von ihm weiß. Suche ihn, dann wirst du ihn gewiß finden."

Als sich der Sturm gelegt hatte, nahm der Fischer Abschied von dem Alten, bestieg sein Boot und kehrte nach Hause zurück. Von da an fuhr er Tag für Tag an der Küste entlang und fragte die Bewohner der Dörfer, ob sie wüßten, wo dieser geheimnisvolle Fisch lebte. Aber keiner hatte je von ihm gehört.

Einmal kehrte der Fischer wieder von einer solchen Fahrt zurück und saß traurig am Steuer seines Bootes. Er blickte hinaus aufs Meer und seufzte: „Wer weiß, ob es diesen Fisch überhaupt gibt. Vielleicht hatte ihn sich der alte Mann nur ausgedacht."

Plötzlich tauchte aus den Wellen ein leuchtend blauer Delphin auf. Er betrachtete den Fischer

eine Weile und fragte dann: „Warum bist du so traurig?"

„Wie sollte ich nicht traurig sein?" erwiderte der Fischer. „Schon lange sehnen meine Frau und ich uns nach einem Kind, aber wir sind noch immer allein. Ein alter Mann hat mir geraten, den pechschwarzen Fisch zu fangen, der uns helfen könnte. Ich suche diesen Fisch nun schon an der ganzen Küste, aber niemand scheint ihn zu kennen. Nun habe ich alle Hoffnung aufgegeben."

„Es gibt ihn", sagte der Delphin. „Er lebt jedoch tief unten am Meeresgrund, wo keine anderen Fische leben. Ich will ihn dir bringen, doch dafür mußt du mir etwas versprechen."

„Alles, was du verlangst!" rief der Fischer. „Nur bring mir einen solchen Fisch!"

Der Delphin lächelte, dann sagte er: „Versprich mir, mich zu rufen, sobald dein Kind geboren ist."

„Das verspreche ich dir von ganzem Herzen", rief der Fischer aufrichtig.

„So warte hier, bis ich zurückkomme", sagte der Delphin, und schon war er in der Tiefe verschwunden.

Der Fischer blieb am Steuer sitzen und wartete. Er wartete die ganze Nacht, den ganzen Tag, noch eine Nacht und noch einen Tag und noch eine lange Nacht, und als die Sonne aufging, hatte er die letzte Hoffnung verloren, daß der Delphin zurückkommen würde. So hißte er sein Segel und wollte sich schon enttäuscht auf den Heimweg machen. In diesem Augenblick aber schäumte das Meer, und der blaue Delphin tauchte auf. Im Maul hielt er den pechschwarzen Fisch.

„Hier hast du ihn. Deine Frau soll ihn braten und essen. Wenn sie den Schwanz ißt, wird sie dir eine Tochter schenken. Wenn sie aber den Kopf ißt, wird es ein Sohn sein. Und denk daran: Ich möchte das Kind sehen!"

„Was ich versprochen habe, das halte ich auch", rief der Fischer glücklich. „Und vielen Dank, Delphin!"

Als er den Fisch seiner Frau gegeben und gesagt hatte, was sie tun solle, machte sie sich gleich an die Arbeit. Aber als der Fisch gebraten war, aß sie nicht nur den Kopf oder den Schwanz, sondern gleich den ganzen Fisch.

Nach neun Monaten brachte sie Zwillinge zur Welt – einen schönen Knaben und ein noch schöneres Mädchen. Der Fischer war überglücklich. Er erinnerte sich an sein Versprechen, wickelte die kleinen Würmchen in eine Decke, lief zum Strand und rief: „Mein lieber Delphin, komm dir meine Kinder ansehen!"

Kaum hatte er so gerufen, da tauchte auch schon der Delphin auf. Er sah sich die beiden an und sagte: „Wenn sie einmal Hilfe brauchen, dann sollen sie mich rufen, und ich werde kommen. Mögen sie gesund aufwachsen!" Dann verschwand er wieder im Meer.

So vergingen viele Monde, und schon liefen die Kinder um die Hütte oder spielten im Sand am Strand. Manchmal kam der blaue Delphin zu Besuch und brachte ihnen die schönsten Muscheln und Seesterne zum Spielen. Als sie größer wurden, nahm er sie auf seinen Rücken und schwamm mit ihnen hinaus aufs Meer.

Die Jahre vergingen, und aus dem Knaben war ein schmucker Jüngling geworden, während das Mädchen zu voller Schönheit erblüht war. Der Fischer und seine Frau waren schon lange gestorben, und so fuhr der Jüngling nun selbst als Fischer hinaus, und seine Schwester flickte die Netze oder brachte mit ihm die Fische zum Markt.

Als sie eines Tages den letzten Fisch verkauft hatten, tauchte auf dem Markplatz ein Herold des Königs auf und rief: „Hört, hört! Unser Herrscher tut kund, daß er seine Tochter vermählen will. Morgen wird die königliche Familie aufs Meer

hinausfahren, und der König wird seinen Ring ins Meer werfen. Wer diesen herausfischt und binnen drei Tagen dem König bringt, erhält die Princesa zur Frau und die Hälfte des Reiches obendrein!"

Der junge Fischer lachte und meinte zu seiner Schwester: „Por Dios! Hast du das gehört? Einen Ring ins Meer werfen und verlangen, es möge ihn

jemand herausfischen! So eine Torheit! Aber gehen wir morgen hin und sehen uns alles an, was meinst du?"

Die Schwester seufzte: „Was sollen wir dort? Wenn der König Spaß haben will, dann soll er ihn haben. Ich bleib zu Haus. Das kann ja nicht gut ausgehen, glaub mir, Brüderchen!"

Der aber lachte wieder: „Warum so ängstlich! Laß uns wenigstens den König, die Königin und die Princesa anschauen! Ich hab sie noch nie gesehen, und du doch auch nicht!"

Also fuhren sie am anderen Morgen mit vielen anderen Booten hinaus aufs Meer. Genau zur Mittagsstunde schaukelte das königliche Schiff auf den Wellen, und der König streifte seinen Ring vom Finger und warf ihn ins Meer. Der Fischer aber hatte nur Augen für die wunderschöne Princesa. Und so war es kein Wunder, daß er sich sogleich ins Meer stürzte, um den Ring zu holen.

„Ay!" rief ihm die Schwester nach, „komm zurück, ich bitte dich!"

Aber der Fischer hörte sie nicht. Er tauchte tiefer und tiefer, bis es um ihn summte und brodelte und ihm der Atem ausgehen wollte, so daß er auftauchen mußte. Also schwamm er auch noch ein zweites und ein drittes Mal in die Tiefe hinab, doch vergebens.

Er suchte zwei Tage und zwei Nächte, aber er konnte den Ring nicht finden. Dabei war die festgesetzte Frist bald abgelaufen. In seiner Verzweiflung rief er laut: „Lieber Delphin! Hilf mir!"

Im gleichen Augenblick teilte sich das Wasser, und der blaue Delphin erschien: „Was wünschst du, mein Sohn?"

Der Fischer begann von dem Ring zu erzählen und von der wunderschönen Princesa, ohne die er nicht leben wollte. Und der Delphin sprach: „Ich werde dir den Ring bringen. Doch will ich dir nicht verheimlichen, daß er dir kein Glück bringen wird. Willst du's dir nicht noch überlegen?"

„Nein!" rief der Fischer. „Die festgesetzte Frist ist gleich um. Wenn ich dem König den Ring nicht bis Sonnenuntergang bringe, dann werde ich die Princesa nie mehr sehen und vor Sehnsucht sterben!"

So tauchte der Delphin unter, und ehe man hätte bis drei zählen können, war er mit dem Ring zurück. Dann sprach er: „Wenn du meine Hilfe brauchst, so rufe mich! Ich befürchte nur, daß es schneller sein wird, als du denkst."

Der Fischer bedankte sich und fuhr mit vollen Segeln zur Küste. Von dort eilte er zum König. „Du bist mutig und unerschrocken", sagte dieser. „Das verdient eine Belohnung. Ich will dir dafür eine Truhe voll Gold schenken."

Der Fischer aber rief: „Ich will kein Gold. Du hast versprochen, die Princesa demjenigen zur Frau zu geben, der dir den Ring bringt!"

Der König machte ein böses Gesicht: „Du glaubst doch nicht, daß ich meine Tochter irgendeinem armen Schlucker zur Frau gebe! Wenn du dich ihrer wirklich würdig erweisen willst, mußt du mir eine Truhe voll Perlen und Edelsteine bringen. Vorher will ich dich hier nicht wieder sehen!" Und er befahl der Wache, den Fischer aus dem Palast zu weisen.

Der stand nun verzweifelt vor dem Palast. Soviel Ungerechtigkeit und Erniedrigung hatte er nicht erwartet. Er wandte sich nochmals um, und da erblickte er die Princesa, die an einem Fenster stand und ihm mit einem seidenen Tuch zuwinkte.

Langsam ging er nach Haus und erzählte seiner Schwester, was vorgefallen war. Sie strich ihm zärtlich übers Haar und sagte: „Quäl dich nicht, mi bien! Der König ist böse. Vergiß die Princesa; such dir lieber ein Mädchen aus dem Dorf. Sind unsere Mädchen nicht ebenso schön wie sie?"

Er schenkte ihr jedoch kein Gehör. Zwei Tage und zwei Nächte irrte er am Strand umher und dachte nur daran, wie er die Truhe mit den Perlen und Edelsteinen beschaffen könnte. Am dritten Tag erblickte er den Schatten einer großen Flosse und rief: „Delphin, mein Guter! Hilf mir!"

Und das Wasser teilte sich, und der Delphin tauchte auf. „Was wünschst du, mein Sohn?"

„Ich bitte dich, sag mir, wo ich eine Truhe voll Perlen und Edelsteinen finden kann. Wenn ich

sie dem König nicht bringe, gibt er mir seine Tochter nicht zur Frau. Aber ohne sie kann ich nicht leben!"

Der Delphin sagte leise: „Ich werde dir alles bringen. Doch denke an meine Worte. Du dauerst mich!"

Dann tauchte er unter, und ehe man hätte bis drei zählen können, war er wieder da. Auf seinem

Kopf trug er eine mit Algen und Muscheln bedeckte Truhe. „Hier hast du alles. Und solltest du wieder Hilfe brauchen, und das wird sicher nicht lange dauern, dann rufe mich!"

Der Fischer bedankte sich und machte sich wieder auf den Weg zum Palast. Der König öffnete die Truhe, und während er die weißen Perlen und wunderschönen Edelsteine durch seine

Finger gleiten ließ, fragte er: „Woher hast du das alles?"

„Das Meer hat es mir geschenkt", sagte der Fischer.

„Du lügst!" schrie der König. „Du bist ein Lump und ein Dieb!" Und er ließ den Jüngling in den Kerker werfen. Als die Wache ihn abführte, erblickte er die Princesa, die an einem Fenster stand und Tränen in den Augen hatte.

Als ihr Bruder nicht nach Hause kam, wußte seine Schwester, daß ihm etwas Böses zugestoßen war. In der Morgendämmerung stand sie auf, fuhr hinaus aufs Meer und rief: „Delphin, lieber Delphin! Bitte komm!"

Im gleichen Augenblick tauchte der Delphin auf. „Was wünschst du, meine Schöne? Ist deinem Bruder etwas zugestoßen?"

„Der König hat ihn in den Kerker werfen lassen! Ich bitte dich, hilf ihm! Verlange dafür, was du willst!"

„Wirklich?" fragte der Delphin. „Und wenn ich dich bitten würde, mich zum Mann zu nehmen, würdest du das auch tun?"

„Ja!" erwiderte das Mädchen. „Denn ich weiß, daß du ein gutes Herz hast!"

„Du wirst es nicht bereuen", sagte der Delphin. „Glaube mir, daß du in meinem Königreich glücklicher sein wirst als oben bei den Menschen. Und jetzt höre gut zu: Morgen wird die Princesa auf einem weißen Schiff die Küste entlangfahren. Stelle dich auf einen Felsen, damit sie dich sehen kann. Sie wird dich auf ihr Schiff einladen. Alles andere ist meine Sache."

Die Schwester kehrte in ihre Hütte zurück, aber schlafen konnte sie nicht, so sehr wartete sie auf den nächsten Morgen. In der Dämmerung stellte

sie sich auf eine hohen Kippe und wartete. Und wirklich, bald erblickte sie ein weißes Schiff, auf dem die Princesa stand. Als diese das Mädchen entdeckt hatte, rief sie: „Warum bist du so traurig?"

Die Schwester des Fischers antwortete: „Wie sollte ich nicht traurig sein? Dein Vater hat meinen Bruder in den Kerker werfen lassen!"

Die Princesa ließ anlegen und bat das Mädchen aufs Schiff. Sie umarmte es und sprach: „Wenn du wüßtest, wie froh ich bin, dich zu treffen. Glaub mir, gern würde ich deinen Bruder zum Mann nehmen. Mein Vater aber verlangt von mir, den französischen König zu heiraten –"

Sie wurde unterbrochen von dem Matrosen am Bug, der rief: „Seht doch den riesigen blauen Delphin! Er umkreist das Schiff und kommt immer näher!"

Die Princesa und die Schwester des Fischers stießen einen Schrei aus, denn auf dem Rücken des Delphins saß der junge Fischer. Das war ein Wiedersehen! Die Schwester umarmte ihn und

weinte vor Freude, die Princesa ergriff seine Hände und bat ihn, ihr zu verzeihen.

Der Delphin aber schob das Schiff zu einer einsamen Insel. Dort nahm der Fischer die Princesa zur Frau und baute hoch auf einem Felsen ein Haus aus weißem Stein. Als es fertig war, sagte der Delphin zur Schwester des Fischers: „Die Stunde ist gekommen, in der du dich entscheiden mußt.

Willst du zu den Menschen zurückkehren oder mit mir in meinem Königreich leben? Ich werde es dir nicht verübeln, wenn du zu den Deinen zurückkehren willst."

Ohne Zögern erwiderte sie: „Ich will bei dir bleiben, so habe ich es versprochen."

Da tauchte der Delphin mit ihr auf dem Rücken in das grüne Wasser hinab, und gleich darauf verwandelte sie sich in einen schönen, schlanken Delphin. Sie tauchten tiefer und tiefer, bis sie zu einer großen Stadt kamen. Dort schwammen Fische in den buntesten Farben und verschiedensten Formen, manche waren groß wie ein Schiff, andere winzig klein wie ein Blatt vom Olivenbaum. Und alle grüßten den Delphin, ihren König, und seine Frau, die neue Königin. Und als die beiden Delphine in ihr prächtiges Schloß geschwommen waren, stand ihrem Glück nichts mehr im Wege.

Ebenso glücklich lebten der Fischer und die Princesa in ihrem weißen Haus. Jeden Morgen fuhr der Fischer hinaus aufs Meer und kehrte immer mit reichem Fang zurück.

Inzwischen aber hatte der König festgestellt, daß seine Tochter verschwunden war. Darum sandte er Späher aus und befahl, sie zurückzubringen. Die Späher suchten in allen Dörfern an der Küste und fuhren hinaus aufs Meer und selbst zur kleinsten Insel. So kamen sie auch dorthin, wo der Fischer mit der Princesa lebte. Von den Fischern am Hafen erfuhren sie, daß in dem weißen Haus auf dem Felsen ein junger Fischer mit seiner Frau lebte, die so schön war, daß selbst eine Princesa nicht hätte schöner sein können.

So gingen die Späher dorthin. Als sie die Princesa ehrerbietig gegrüßt hatten, sagten sie: „Wir sind Kaufleute und bringen wertvolle Stoffe und schönen Schmuck. Aber unsere Waren befinden sich an Bord. Kommt deshalb mit uns und wählt Euch etwas aus, wir wollen es Euch gern zum halben Preis verkaufen."

Die Princesa schöpfte keinen Verdacht und begab sich fröhlich auf das Schiff. Aber während sie alles betrachtete, lichteten die Matrosen den An-

ker, und bald befanden sie sich auf dem offenen Meer. Als die Princesa dies bemerkte, begann sie zu weinen und zu jammern, so daß die Späher beschämt sagten: „Seid uns nicht böse, wir befolgen nur die Befehle Eures Vaters. Er ist König, ihm müssen wir gehorchen."

Nach sieben Tagen und sieben Nächten hatten sie die Küste erreicht und machten sich auf den Weg zum Palast.

Als der Fischer heimkehrte, fand er das Haus leer. Zwei Tage suchte er seine Frau und rief tausendmal ihren Namen, aber vergebens. Erst am dritten Tag verrieten ihm die anderen Fischer alles. Da fuhr er mit seinem Boot verzweifelt hinaus und rief über die unendliche Wasserfläche: „Delphin, mein lieber Delphin, hilf mir!"

Im gleichen Augenblick teilte sich das Wasser, und zwei Delphine erschienen. „Was wünschst du, mein Sohn?" fragte der, der leuchtend blau war. „Bruder, was ist geschehen?" rief der andere.

„Diesmal wird es nicht leicht sein, dir zu helfen", sagte der blaue Delphin, nachdem der Fischer von seinem Unglück erzählt hatte. „Aber keine Angst, wir werden dir deine Frau zurückbringen. Du kehre inzwischen nach Hause zurück."

Ehe der Fischer danken konnte, waren die beiden Delphine verschwunden und zur Küste geschwommen. Hier sprach der blaue Delphin zu seiner Frau: „Es ist nun an dir, deinem Bruder zu helfen. Du mußt wieder menschliche Gestalt annehmen und den König aufsuchen. Ich will dir sagen, was du tun mußt. Doch habe ich Angst, daß du nicht mehr zu mir zurückkehren wirst."

Der schöne, schlanke Delphin schwamm im Kreis um ihn herum und sagte zärtlich: „Du bist

mein Mann, und ich bin mit dir glücklich. Ich werde zurückkommen."

Da nahm sie der blaue Delphin auf den Rücken, spannte sich wie ein Bogen und schleuderte sie aus dem Wasser. Sie fiel in den Sand zwischen Felsen und verwandelte sich dort in eine junge Frau, die noch tausendmal schöner war als einst. Der blaue Delphin schwamm hinaus aufs weite Meer, während sie ihm nachblickte, bis er ihren Blicken entschwunden war.

In der Königsstadt stockte allen Menschen der Atem, als sie eine so schöne Frau erblickten. Tag und Nacht sprach man nur über sie, und so gelangte die Nachricht bald in den Palast. Man schilderte die Schönheit der Frau mit so begeisterten Worten, daß der König sie zu sehen wünschte. Und als sie dann vor ihm stand, entfuhr ihm ein erstaunter Ausruf der Bewunderung. Als er sich gefaßt hatte, fragte er: „Schöne Fremde, aus welchem glücklichen Land kamst du zu uns?"

„Mein Vater herrscht über sieben Königreiche", erwiderte sie. „Es war sein Wunsch, daß ich alle Meere der Welt befahre. Ich habe schon viele Meere und Länder kennengelernt, und jetzt bitte ich dich, mir zu gestatten, auch dein Königreich anzusehen."

Der König konnte seine Augen nicht von der Schönen lassen, und dabei wollte ihm sein Herz vor Glück zerspringen. „Ich heiße dich willkommen. Es wird mir eine Freude sein, dich in meinem Palast zu beherbergen. Meine Tochter wird dir alles zeigen, was du zu sehen wünschst."

Und schon ließ er die Princesa rufen. Sie kam, und dabei sprach aus ihren Augen eine große Traurigkeit. Kaum hatte sie aber die Fremde gesehen, versiegten ihre Tränen, denn sie erkannte die schöne Frau sofort. „Ich bitte dich", sagte der König, „die Gesellschafterin dieser Dame zu sein. Sie ist mein Gast, und du sollst ihr alles zeigen, was sie zu sehen wünscht."

Natürlich war die Princesa damit einverstanden. Und seither waren die beiden jungen Frauen ständig zusammen. Und als ein Monat vergangen war, trat die schöne Fremde vor den König und sprach:

„Ich habe mir viel angesehen, darum ist es an der Zeit, dein Königreich wieder zu verlassen."

Der König erblaßte und sagte mit zitternder Stimme: „Du bist jung und schön, ich aber fast ein Greis. Dein Anblick verscheucht meine Müdigkeit und läßt mein Herz wieder jung werden. Gestatte mir, Unterhändler zu deinem Vater zu schicken und ihn um deine Hand zu bitten."

„Wenn es dein aufrichtiger Wunsch ist, dann schicke deine Tochter. Wenn sie deine Bitte vorträgt, kann Vater bestimmt nicht nein sagen!"

Am anderen Morgen begaben sich beide Frauen in den Hafen und bestiegen das königliche Schiff. Sieben Tage und sieben Nächte fuhren sie übers Meer, bis sie zu der Insel kamen, wo hoch auf einem Felsen das weiße Haus des Fischers stand.

Der saß gerade auf der Türschwelle und blickte traurig hinaus auf die Wellen. Als er aber das

Schiff erblickte, auf dem seine Frau und seine Schwester waren, lief er freudestrahlend hinab zum Wasser, küßte zärtlich die Princesa, seine Frau, und drückte seine liebe Schwester an sein Herz.

Zwei Tage lang konnten sie sich vor Freude kaum fassen, am dritten Tag aber sagte der Fischer besorgt: „Was wird geschehen, wenn der

König feststellt, daß wir ihn überlistet haben? Sicher läßt er uns suchen!"

Seine Schwester entgegnete ruhig: „Keine Angst. Er wird uns nie mehr finden." Und sie setzte sich hin und schrieb dem König einen Brief, in dem stand: „Der Herrscher der sieben Königreiche lädt dich ein, deine Braut, meine Tochter, holen zu kommen." Diesen Brief übergab sie den Seeleuten des königlichen Schiffs mit dem Auftrag, ihn dem König zu überbringen.

Als dieser den Brief gelesen hatte, warf er sich vor Freude auf die Erde und stach noch am gleichen Tag in See. Doch kaum war das Schiff auf dem offenen Meer, zogen dunkle Wolken auf, und das Wasser summte und brodelte von tief unten herauf. Da trat der Kapitän vor seinen König und sprach: „Señor, wir erwarten Sturm. Es wäre besser, umzukehren und im Hafen das Ende des Unwetters abzuwarten."

„Nie und nimmer!" schrie der König. „Wir fahren weiter!"

Aber es dauerte nicht lang, und es erhob sich ein so verheerender Sturm, daß die Segel zerrissen und das Schiff wie eine Eierschale hin und her geworfen wurde. Plötzlich fegte eine große Welle den König über Bord und riß ihn in die Tiefe.

Als er aus seiner Ohnmacht erwachte, befand er sich auf dem Rücken eines großen blauen Delphins, der sprach: „Nun höre gut zu, was ich dir zu sagen habe. Ein junger Fischer hat zweimal die Bedingungen erfüllt, die du ihm auferlegt hattest. Zweimal hast du dein Wort gebrochen und ihm deine Tochter nicht zur Frau gegeben. Das erste Mal hast du ihn verjagt, das zweite Mal hast du ihn einkerkern lassen. Und als er doch Wege gefunden hat, deine Tochter zur Frau zu nehmen, hast du deine Späher ausgesandt und sie ihm genommen. Ich sollte dich deshalb den Haien zum Fraß vorwerfen. Doch gebe ich dir noch eine Chance. Wenn du mir versprichst, die beiden in Zukunft zufrieden zu lassen und den Fischer als deinen Nachfolger einzusetzen, so will ich dir das Leben schenken!"

Der König zögerte, aber als er die Flosse eines Hais erblickte, rief er schnell: „Gut, ich verspreche es!"

Sofort schwamm der Delphin pfeilschnell los. Nach einer Weile fragte der König: „Und was wird mit meiner eigenen Hochzeit? Denn ich will eine schöne Fremde zur Frau nehmen. Ihr Vater herrscht über sieben Königreiche."

Der Delphin brach in Lachen aus: „Deine schöne Fremde ist meine Frau, gerade schwimmt sie uns entgegen. Siehst du sie nicht?"

Da war der König sehr verblüfft: Der schlanke Delphin da, das sollte die schöne Fremde sein? Er wollte schon nichts mehr sehen und hören. Deshalb seufzte er tief und sprach: „König der Meere, bringe mich zurück auf mein Schiff. Ich denke schon nicht mehr an Heirat. Und den beiden jungen Leuten richte aus, daß ich halten werde, was ich versprochen habe. Dein junger Fischer soll die Königskrone bekommen."

Und so geschah es, und wer's nicht glaubt, ist selber schuld. ◆

DIE SCHÖNHEIT DER WELT

Das Märchen vom treuen maurischen Freund,
der dem König zu seinem Glück verhalf

 **E**s waren einmal ein christlicher König und ein maurischer Herr, die waren gute Freunde. Eines Tages gingen sie auf die Jagd. Als sie am Abend auf dem Heimweg waren, sahen sie eine alte Frau an einem Spinnrad, von deren Nase ein dicker Schleimtropfen herunterhing.

„Ob ich ihr den herunterschieße?" fragte der König.

„Nein, schießt nicht", meinte der Maure.

Aber das Temperament des Königs ließ ihn nicht zögern; denn es war so, daß er das, was er dachte, auch sofort tun mußte. Er zielte auf die Alte und schoß einen Pfeil auf sie ab. Beinahe ihre halbe Nase verlor sie dabei, Schleimtropfen fielen herunter und beschmutzten ihren Rock über und über.

Diese Alte aber war eine Zauberin, und wütender als Feuer schrie sie: „Bei Zauber und Hexerei! Daß meine Mutter mich geboren hat, und mehr, daß das, was ich jetzt sagen werde, wahr und wahrhaftig sei! Derjenige, der diesen Pfeil auf mich geschossen hat, wird nicht eher Ruhe finden, bis er die Schönheit der Welt gefunden hat!"

Der König war sogleich zu Tode betrübt und schlechter Laune. Es gab nichts, was ihm gefallen mochte. „Wenn wir uns aufmachten, die Schönheit der Welt zu suchen, wäre ich bereit", sagte er anderntags zu seinem maurischen Freund. „Jetzt sofort!" rief dieser; und sie machten sich sogleich auf den Weg.

Sie wanderten und wanderten, bis sie die Nacht am Rande eines Waldes überraschte. Da sahen sie einen sehr großen Baum und beschlossen, sich unter ihm zur Ruhe niederzulegen. Damit ihnen kein Leid geschähe, kamen sie überein, daß jeder von ihnen eine halbe Nacht durchwachen und der andere dann schlafen sollte. Der Maure hielt als erster die Nachtwache; und als der König bereits wie ein Baumstamm schlief, hörte er über sich in dem Baum eine Adlermutter, die lachte so frisch wie klares Quellwasser, und er hörte die Adlerkinder sagen: „Madre, was hast du?"

„Ihr müßt es nicht wissen!"

„Ay, sag es uns doch!"

„Wer davon erzählt und davon spricht, der wird zu einem Marmorstein."

„Wir werden nicht davon erzählen und nicht davon sprechen."

„Nun, ich lachte, weil hier unter uns ein König und sein Freund, ein maurischer Herr, sind, welche die Schönheit der Welt suchen."

„Ob sie die wohl finden?"

„Ich weiß es nicht."

„Und wer weiß das?"

„Eine Schwester von mir, welche in einem anderen Fichtenwald wohnt."

Der Maure merkte sich diese Worte gut. Um Mitternacht weckte er den König, damit auch er sein Anteil an Schlaf bekäme, und am nächsten Morgen zogen sie wieder weiter. Sie wanderten und wanderten, und die Nacht überraschte sie zu Füßen eines rauhen Gebirges am Rande eines Waldes. Da sahen sie einen hohen Baum.

„Wollen wir uns hier zur Ruhe niederlegen?" fragte der Freund.

„Hier wollen wir ausruhen!" meinte der König.

Und so geschah es. Der Maure bot sich an, bis

Mitternacht zu wachen. Darüber freute sich der König sehr, denn er war todmüde und hatte einen Schlaf, der ihn beinahe verschlang. Er legte sich nieder und schlief noch im selben Augenblick fester als ein Siebenschläfer.

Einige Zeit darauf hörte der Maure über sich in der Baumkrone ein Lachen, so frisch wie klares Quellwasser. Es kam von einer Adlermutter; und die kleinen Adlerkinder hörten nicht auf, sie zu fragen: „Madre, was ist es; worüber du so sehr lachst?"

„Es ist nicht nötig, daß ihr es wißt."

„Sag es uns doch!"

„Wer davon erzählt und davon spricht, der wird zu einem Marmorstein."

„Wir werden nicht davon erzählen und nicht davon sprechen."

„Nun, ich lache, weil hier unter uns ein König und sein Freund, ein maurischer Herr, liegen, die wollen die Schönheit der Welt suchen. Um sie zu finden, müssen sie über diese Berge. Und sie führen jeder ein Pferd mit sich; aber es nützt ihnen kein Pferd, dieses Gebirge zu überwinden, sondern nur ein Paar guter Beine."

„Und wenn sie das Gebirge überwunden haben, werden sie dann die Schönheit der Welt finden?"

„Das weiß ich nicht."

„Aber wer weiß es?"

„Eine Schwester von mir, die in einem anderen Wald wohnt."

Auch diese Worte merkte sich der maurische Herr wohl. Zur Mitternacht weckte er den König und schlief dann, bis die Sonne aufging. Als er erwachte, sagte er: „Ich vermute, daß sich die Schönheit der Welt hinter diesen Bergen befindet."

„Dann müßten wir aber unsere Pferde zurücklassen!"

„Wir werden sie an einen Baum binden."

Das taten sie auch und begannen sogleich, den Berghang hinaufzusteigen. Ein Schritt für dich, ein Schritt für mich, über starre Felsen, an Schluchten vorbei, durch unwegsames Gebüsch und Riedgras erreichten sie den Gipfel und stiegen auf der anderen Seite hinunter. Es dunkelte bereits, als sie unten anlangten; und da war nun ein großer Wald.

Der Maure zeigte auf einen hohen Baum und sagte: „Sollen wir hier die Nacht verbringen?"

„So wird es gemacht."

„Ich werde als erster wachen, nicht wahr?"

„Du sagst es!" rief der König aus, und – hopplahopp! – schon legte er sich nieder.

Sofort begann er so laut zu schnarchen, daß man es eine Viertelmeile weit hören konnte. Der Maure war nicht so schläfrig; er erwartete sich etwas von jenem Baum. Nach einiger Zeit hörte er dann auch ein helles und frisches Lachen, das gar nicht enden wollte. Das kam von einer Adlermutter; die kleinen Adlerjungen zögerten nicht, sie zu fragen: „Madre, was gibt es denn so zu lachen?"

„Das geht euch nichts an!"

„Sag es uns doch!"

„Wer davon erzählt und davon spricht, der wird zu einem Marmorstein."

„Wir werden nicht davon erzählen und nicht davon sprechen."

„Nun, ich lachte, weil hier unten ein König und ein maurischer Herr, dessen Freund, sind. Sie suchen die Schönheit der Welt, die in jenem Schloß ist, das dort durchschimmert."

„Und wer ist die Schönheit der Welt?"

„Hola! Das ist ein Mädchen von sechzehn Jahren: Es ist das hübscheste, entzückendste und anmutigste Ding, das je gesehen wurde. Der Herr des Schlosses ist ihr Vater, und weil er so eifersüchtig ist, daß man sie ihm wegholen könnte, hält er sie im höchsten und stärksten Turm eingeschlossen. In diesen Turm gelangt man durch ein kleines Türchen, das aber durch ein eisernes Tor mit sieben Riegeln versperrt ist. Darüber befinden sich nur zwei Fensterchen und außerdem ein Altan, überwölbt von einer sehr hohen Brüstung."

„Kann man nicht von dieser Brüstung aus die Schönheit der Welt erspähen?"

„Wer könnte sie schon erblicken außer dem Himmel!"

„Nun, wie sollen sie sie dann finden, dieser König und jener maurische Herr?"

„Um zu ihr zu gelangen, gibt es nur einen einzigen Weg: einen Kessel aus Gold zu machen, in den sich der König setzt. Der maurische Herr muß damit am Schloß vorbeigehen und ausrufen: ‚Wer kauft mir diesen goldenen Kessel ab?' Wenn die Schönheit der Welt ihn hört, wird sie den Kessel haben wollen und ihren Vater bitten, ihn ihr zu kaufen. Der Vater aber wird ihn ihr kaufen, weil er sie zufrieden sehen will, und wird ihn zu ihr tragen lassen. Wenn sie dann ganz allein ist, wird sie den Deckel abheben und den König entdecken. Wollen sie gemeinsam fliehen, dann können sie sich hinunterlassen, indem sie die Bettlaken zusammenknoten und ein Ende an einer Zinne des Turmes festbinden."

„Und was wird der König machen, wenn die Schönheit der Welt mit ihm entfliehen will?"

„Sie werden fliehen und heiraten."

„Werden sie Kinder haben?"

„Ja, eine Menge, aber das erste –"

„Was macht das erste?"

„Es wird eine Schlange in seinem Kopf haben, und der Kopf wird anschwellen, und wenn man ihn nicht abschneidet, wird die Schlange herauskriechen und den König, die Königin und alle verschlingen, die ihr in den Weg kommen."

Ihr könnt euch vorstellen, wie der Maure die Augen aufsperrte, als er das hörte. Was ihm aber am meisten Furcht einflößte war, daß er in einen Marmorstein verwandelt werden sollte, wenn er jemandem von all diesen Dingen erzählte. Um Mitternacht weckte er den König, dann schlief er ein.

Er wurde wach, als die Sonne gerade aufging, und sagte: „Möchtet Ihr, daß wir die Schönheit der Welt finden?"

„So schnell wie möglich."

„Nun, so schwört mir, daß Ihr mich nicht nach dem Warum all dessen fragt, was ich euch gleich sage, und wir werden sie finden."

„Ich schwöre es."

„Seht, wir gehen zu einem Goldschmied und bestellen einen Kessel aus Gold."

Das taten sie. Der Maure gab die Maße an und befahl, wie der Kessel sein sollte. Und der Goldschmied machte ihn so.

Als sie ihn hatten, gingen sie direkt zu dem Schloß. Kaum standen sie davor, sagte der Maure: „Die Schönheit der Welt ist in einem Turm dieser Burg. Um Euch hineinzubringen, müßt Ihr in diesen Kessel schlüpfen; dann laßt mich nur machen. Eure Aufgabe ist es, den Mund nicht aufzutun und Euch um nichts in der Welt zu rühren, bis Ihr Euch im Zimmer des Turmes ganz allein mit der Schönheit der Welt befindet."

Der König setzte sich in den Kessel; der maurische Herr verschloß ihn gut, lud ihn sich auf, näherte sich dem Schloß und war auch schon dabei, darum herumzugehen, wobei er rief, was

seine Stimme hergab: „Wer kauft mir diesen goldenen Kessel ab? Hola! Wer kauft ihn mir ab?"

Die Schönheit der Welt hörte seine Stimme ein ums andere Mal rufen. „Ein Kessel aus Gold! Ay, muß der wertvoll sein! Ay, wie er mir gefallen würde!"

Sie rief eine Dienstmagd und sagte: „Geh zu meinem Vater und sag ihm, daß er mir um der Liebe Gottes willen diesen Kessel kaufen soll, der vorbeigetragen wird."

Die Dienstmagd ging davon, und der Vater, der seine heißgeliebte Tochter nicht erzürnen wollte, kaufte den Kessel und ließ ihn ihr bringen. „Cielos! Ist der schwer!" riefen die Diener, die ihn trugen. „Was für eine gewichtige Kostbarkeit!"

Der Kessel war zugedeckt; niemand bemerkte etwas Verdächtiges. Sie trugen ihn in die Kammer der Schönheit der Welt, worauf sie sich gleich daran machte, ihn ganz genau zu betrachten. Und wie kostbar und schön erschien er ihr! Sie wußte nicht, wie ihr geschah. Und sie schaute ihn an und schaute ihn sich wieder an und konnte ihre Augen nicht davon lassen.

Dann bemerkte sie den Deckel, der ausgezeichnet schloß, und hob ihn ab. Sie schaute hinein und fand darin den König! Ihr könnt euch denken, welch schreckliche Angst sie befiel. Der Armen blieb fast das Herz stehen, und sie mußte sich erst einmal hinsetzen.

Der König war mit einem Satz aus dem Kessel. „Hab keine Angst", sagte er. „Fürchte dich nicht. Ich will dir nichts Böses tun. Du brauchst dich nicht vor mir zu ängstigen."

Als es ihn so freundlich, bescheiden und aufmerksam sah, beruhigte sich das Mädchen wieder, und seine Angst verschwand. Und der König,

wie er sie so jung und so anmutig, in solcher Schönheit und Lieblichkeit sah, stand wie ein Taubstummer da und betrachtete sie von Kopf bis Fuß. Er wagte kaum mit der Wimper zu zucken!

Doch allmählich verloren beide ihre Scheu, und es ergab sich, daß, wie zufrieden auch immer der König war, sie in dem Turm gefunden zu haben, sie noch glücklicher war, ihn in dem Kessel entdeckt zu haben. Sie dachten darüber nach, wie sie fliehen könnten, und meinten: „Das beste wird sein, die Bettlaken zusammenzuknüpfen, bis sie uns genügen, daß wir den Fuß des Turmes erreichen können; und nachts, wenn das ganze Schloß schläft, wollen wir uns hinablassen."

Der König und die Schönheit der Welt hatten schon die Bettücher aneinandergeknotet; sie sa-

hen nach, ob sie bis zum Boden reichten, aber sie mußten noch zwei dazugeben. Dann befestigten sie ein Ende an der stärksten Zinne des höchsten Turmes – und hinunter ging es. In der Zeit von drei Vaterunsern waren sie auch schon unten angekommen. Der maurische Herr erwartete sie dort, und alle drei sputeten sich, so schnell sie nur konnten.

Am anderen Morgen, als die Sonne bereits hoch am Himmel stand, waren sie bereits jenseits der Berge. Dort fanden sie die Pferde, stiegen auf und ritten eilig in das Land des Königs.

Der war wieder froh; er hatte ja die Schönheit der Welt gefunden. Sie heirateten und feierten eine prächtige Hochzeit und gaben ein noch nie dagewesenes Fest.

Nach Jahr und Tag gebar die Königin ein Kind. Am nächsten Sonntag sagte der maurische Freund, der sich seit der Hochzeit noch nicht vom Hof entfernt hatte, zum König und zu allen anderen: „Geht zur Messe, ich will inzwischen über das Kind und seine Mutter wachen."

Und alle gingen. Das Kind lag in der Wiege, und der Freund bemerkte, daß sein Kopf anschwoll und bereits aufzubrechen begann. Eingedenk der Worte der Adlermutter zog er sein Schwert und schlug ihm den Kopf ab, der zur Erde rollte.

Die Königin sah das alles vom Wochenbett aus, und ihr könnt euch denken, welch ein Geschrei sie anhob, welch Schrecken sie befiel, und wieviel Tränen sie weinte. Zu diesem Zeitpunkt kehrte der König von der Messe aus der Kathedrale zurück und fand das Kind ohne Kopf und die Königin, die in Ohnmacht gefallen war.

Der Maure gestand, daß er es gewesen war, der diesen Kopf abgeschlagen hatte, und der König sagte: „Wer tötet, muß sterben!" und verurteilte seinen alten Gefährten zum Tode. Sie zerrten ihn zum Galgen. Von dort oben erbat er sich die Gnade, erzählen zu dürfen, warum er den Kopf des Kindes abgeschlagen hatte. Der König gewährte sie ihm, und jener begann mit der Geschichte:

„Wir gingen, die Schönheit der Welt zu suchen, der König und ich. Die erste Nacht verbrachten wir unter einem Baum. Während der König schlief und ich wachte, hörte ich eine Adlermutter oben im Baum lachen, und ich hörte sie ihren Kindern erzählen, wonach wir beide auf der Suche waren."

Als er soweit gekommen war, verwandelten sich seine Füße und Beine in Marmorstein. Der König bekam Angst und sagte: „Erzähl nicht weiter!" Aber er konnte nicht mehr aufhören und fuhr fort:

„Die zweite Nacht verbrachten wir unter einem anderen Baum. Während der König schlief und ich wachte, hörte ich eine andere Adlermutter lachen und ihren Kindern erzählen, daß wir einige Berge, die vor uns lagen, überwinden müßten, wenn wir die Schönheit der Welt finden wollten."

Als er es erzählt hatte, wurden seine Oberschenkel und sein Schoß zu Marmor. „Erzähl nicht weiter!" rief der König, als er das sah. „Er

soll nicht weitererzählen!" riefen alle anderen. Aber er konnte nicht einhalten und fuhr fort:

„Die dritte Nacht verbrachten wir unter einem anderen Baum, und ich wachte. Ich hörte eine andere Adlermutter lachen und ihren Jungen erzählen, daß die Schönheit der Welt in einem Schloß eingesperrt sei. Um sie zu finden, müßten wir einen Kessel aus Gold machen lassen, in den

sollte sich der König setzen. Und wenn der Herr dieses Schlosses den Kessel für die Schönheit gekauft habe, werde diese den König darin entdecken, der König könne sie entführen und sich mit ihr verheiraten. Nach Jahr und Tag würden sie ein Kind haben, und der Kopf des Kindes würde anschwellen; wenn man ihn nicht abschlüge, käme daraus eine Schlange hervor, die den König und die Königin und alle Menschen in der Stadt fräße. Durch die Erzählung der Adlermutter fanden wir die Schönheit der Welt; der König nahm sie zur Frau, und sie bekamen ein Kind. Jedermann war in der Kathedrale bei der Messe, während ich es behütete, da sah ich, wie sein Köpfchen dicker wurde und nahe daran war aufzubrechen. Um euch allen das Leben zu retten, schlug ich ihm den Kopf ab, und so verurteilte man mich zum Tode."

Als er soweit gekommen war, konnte er nichts mehr sagen; denn aus Marmor waren da schon der Bauch und die Brust, der Hals und der Kopf. Kein Leben war mehr in seiner Zunge, denn sie wurde zu Marmor, als er das letzte Wort gesprochen hatte.

Der König, die Königin und alles Volk brach in Weinen aus über diesen traurigen Fall, und niemand vermochte sie zu trösten. Plötzlich hörte man eine Stimme rufen: „So ist's recht! Die werden noch einmal eine gute Frau um die halbe Nase bringen! Noch mehr würden sie verdienen!"

Es war eine schnurrbärtige, runzelige Alte, von deren Gurkennase die Spitze fehlte; es war jene alte Zauberin, welcher der König den bösen Streich gespielt hatte, auf ihre Nase zu schießen. Die Leute umringten sie, um sie auszufragen, und entlockten ihr einen Schwall von Worten, die sie besser nicht gesagt hätte. Sie hinterbrachten alles dem König, der die Alte herbeibringen ließ und zu ihr sagte: „Du da, die du so große Zufriedenheit zeigst, weil du uns weinen siehst, mach, daß dieser Unglückliche kein Marmorstein mehr ist! Willst du es nicht tun, werden wir dich an die Beine von vier Pferden binden, von denen jedes in seine Richtung läuft und das Stück deines Leibes mit sich schleift, das es dir ausgerissen hat."

Als die Alte das hörte, verging ihr das Lachen. Sie wurde sehr nachdenklich, und am Ende sagte sie: „Sie sollen einen Holzstoß aufschichten, bis der Marmorstein zugedeckt ist, und dann Feuer daranlegen. Ich bin gleich wieder hier!"

„Nichts da!" sagte der König. „Du rührst dich nicht von der Stelle, bis mein Freund wieder zu

Fleisch und Blut geworden ist. Sag, was du brauchst, und wo du es aufbewahrst, und man wird es dir bringen."

„Nun", antwortete die Alte, „dann sollen sie zu mir nach Hause gehen und die Kiste aufmachen. Darin liegt ein bauchiges Fläschchen, das soll man mir bringen."

Während man es holen lief, war der Holzberg schon hoch geworden, und man zündete ihn an. Gleich loderte eine Flamme auf, die war so hoch wie ein Kirchturm. Man brachte der Alten das Fläschchen. Darin war das Stück der Nase, das sie durch den König verloren hatte, und es war so frisch erhalten, als wäre es ihr erst jetzt abhanden gekommen.

Jetzt fragte die Alte: „Brennen die Scheite gut?"

Man sah nach und sah, daß es so war.

Was machte sie da? Sie warf das Fläschchen in den Scheiterhaufen. Da gab es einen Knall, daß alle auf den Rücken fielen und sämtliche Fensterscheiben in der Stadt barsten, und von dem großen Holzberg blieb nur ein kleines Häufchen Asche zurück. Der maurische Herr stieg daraus hervor, gesund und munter, als wäre er immer so gewesen, und ging auf den König zu, um ihn zu umarmen.

Welche Freudentänze wurden da aufgeführt! Der König und die Schönheit der Welt wollten den treuen Freund reich belohnen für das, was er für sie getan hatte. Sie machten ihn zum zweiten Herrn über das ganze Königreich und verheirateten ihn mit der angenehmsten, hübschesten, vornehmsten und reichsten señora noble, die sie finden konnten, und alle lebten zusammen glücklich und zufrieden bis zu ihrem Tod. Und im Himmel sehen wir sie vereint.   ◆

DIE RATSCHLÄGE DES KÖNIGS

Das Märchen von einem,
der gut beraten war

Da war ein Mann, den nannten sie Toniello. Er kannte keinen anderen Besitz als seine Frau und seinen Sohn, die er ernähren mußte, seine eigenen neun Spannen für das Grab und seine Arme, die Arbeit verrichteten, so man ihnen welche gab. Und obwohl er alles Mögliche anfing und sein Bestes gab, bekam er doch nur so viel, daß sie gerade noch, aber wirklich gerade noch zu essen hatten.

Schließlich wurde er es müde, immer Fasttag zu haben und die Haut seines Bauches auf den Rücken binden zu müssen, wenn er ausging, und er kam mit seiner Frau zu dem Entschluß, zum König zu gehen und zu schauen, ob dieser ihn nicht als Diener nähme; denn auf diese Weise konnte er sich für seine Familie etwas zusammensparen, und sie würden im Alter einen Notgroschen haben.

Er ging also zum König, und der nahm ihn als Diener. Toniello leistete gute Dienste, denn er war sehr anstellig und fröhlich, und jedermann fand Gefallen an ihm.

Nachdem fünf Jahre vergangen waren, bekam er Sehnsucht nach seiner Frau und seinem Sohn und seinem Zuhause. Und so trat er vor den König und sagte zu ihm: „Señor, wenn Ihr es mir nicht übelnehmt, so würde ich nun gern wieder nach Hause gehen, sind es doch nun fünf Jahre, daß ich nicht mehr dort gewesen bin und meine Frau nicht mehr gesehen habe und das Söhnchen, das ich zurückließ.“

„Ich finde, du hast recht“, sagte der König, „wenn es mir auch nicht paßt, einen anderen Diener anstellen zu müssen, denn neue Gesichter behagen mir nicht sehr. Aber macht nichts! Geh zum Haushofmeister, rechne mit ihm ab, und er wird dich bezahlen.“

Sie rechneten ab, und der Lohn für fünf Jahre belief sich auf dreihundert Goldstücke.

Nachdem Toniello sie in die Tasche gesteckt hatte, dachte er eine Weilchen nach und sagte zu sich: „Nun soll ich vom König fortgehen, ohne ihn um einen Rat gefragt zu haben, wo sie doch aus dem ganzen Land hierherkommen, um ihn darum zu bitten, da er so weise ist. Ich werde auch hingehen.“

Gesagt, getan; er ging zu ihm hin und sprach: „Señor, ich wollte nur sehen, ob Ihr mir auch einen Rat gebt, so wie all den anderen.“

„Das kommt auf die Bezahlung an.“

„Und was soll es kosten?“

„Hundert Goldstücke.“

„Hundert Goldstücke? Na ja, werden gezahlt, aber nun raus damit!"

„Also, gib acht", sprach der König, „verlasse niemals deinen Weg, auch wenn du einen neuen siehst."

Toniello blechte seine Goldstücke und stieß sogleich nach: „Señor, los, noch einen Rat!"

„Kommt auf die Bezahlung an."

„Was soll es kosten?"

„Noch einmal hundert Goldstücke."

„Also los!"

„Gib acht", sprach der König, „misch dich nicht in die Angelegenheiten anderer, wenn du nicht darum gebeten wirst."

Toniello, fort mit Schaden, blechte noch einmal hundert Goldstücke und schluckte auch dieses. „Señor, da die Haut ja schon dem Wolf gehört, bitte ich um noch einen Rat, und sollte ich auch gänzlich geschoren werden."

„Da müßtest du die hundert Goldstücke lockermachen, die dir noch geblieben sind."

„Hinweg mit ihnen, und nun heraus mit einem anderen Rat!"

Toniello gab dem König die hundert Goldstücke, die ihm noch geblieben waren, und dieser sprach: „Nun gib acht, tue niemals eine Sache, bevor du sie dir nicht dreimal überlegt hast."

Da rief Toniello: „Vor allem kann ich mich jetzt mit einem ganz leichten Geldbeutel auf den Weg

machen und brauche keine Angst vor Dieben zu haben. Nichts für ungut, Señor! Und wenn wir uns hier unten nicht mehr wiedersehen, so wohl sicher in der ewigen Herrlichkeit."

„Amen", sprach der König. „Aber warte ein bißchen, denn ich möchte nicht, daß du ohne jede Entschädigung von hier fortgehst. Ich schenke dir eine Pastete, aber du darfst sie nicht anschneiden, ehe du nicht glaubst, daß dein glücklichster Tag gekommen sei."

Der König übergab ihm die Pastete, und Toniello nahm sie und brach sogleich auf, um nach Hause zu gehen.

Er ging und ging, und unterwegs gesellte sich ein Mann zu ihm, der ihm erzählte, daß er Panello heiße, daß er die Mitgift seiner Frau geholt habe, fünfzig Goldstücke im ganzen, die ihm nun ganz schöne Beine machten. Sie kamen zu einer Abkürzung, und Panello sagte: „Warum sollen wir sie nicht einschlagen, nachdem wir sie schon gefunden haben? So kommen wir doch ein schönes Stück weiter."

Da blieb Toniello stehen und dachte: „Der König hat mir den Rat gegeben, niemals meinen Weg zu verlassen, auch wenn ich einen neuen sehe; und dafür habe ich hundert Goldstücke bezahlt wie einer, der sich's leisten kann. Und nun soll ich mich nicht daran halten? Niemals!"

„Nun sieh", sagte er zu Panello, „ich gehe nicht diese Abkürzung da, sondern bleibe auf meinem Weg."

„Du bist mir vielleicht ein Einfaltspinsel!" erwiderte der andere. „Macht nichts, wenn du nicht mitgehen willst, dann warte ich eben am anderen Ende der Abkürzung auf dich."

„Also bis nachher, und Gott behüte dich!"

Panello sagte nicht einmal „Amen" darauf, so vernarrt war er in seine Abkürzung, und lief eiligst los. Und Toniello ging auf der Straße, triptrap, trip-trap, und schaute und schaute nach vorne, ob Panello nicht bald in der Ferne auftauchte, da er doch am Straßenrand auf ihn warten wollte.

Nach einer Stunde kam er zu einem Kiesweg,

der ihm das andere Ende der Abkürzung zu sein schien, aber sein Gefährte stand nicht dort. Er wartete ein Weilchen, um zu sehen, ob dieser nicht bald auftauchen würde; aber nichts, weder schwarz noch weiß.

„Ob ihm am Ende etwas zugestoßen ist?" dachte er. Um der Sache auf den Grund zu gehen, schlug er den Weg ein. Nach einer Weile

hörte er plötzlich schreckliches Wehgeschrei und Gejammer und Gefluche, und da tauchte auch schon Panello auf, der von einer Seite zur anderen torkelte.

„Ja, was ist denn geschehen?", rief Toniello schon von weitem, „was bringst denn du für Neuigkeiten?"

„Ay, ay, ay!" jammerte der andere, „ich bin tot

und erledigt. Mich muß wohl der Teufel geritten haben zu der Stunde, da ich die Straße wegen dieser Abkürzung verlassen habe! Mein ganzes Leben ist verpfuscht und verdorben!"

„Aber was ist denn geschehen?" fragte Toniello.

„Was wird schon geschehen sein? Ein Mann ist mir in die Quere gekommen, mit einem sauberen Stock, ganz ohne Äste; und bevor ich ihn noch nach Neuigkeiten fragen oder irgend etwas sagen konnte, hat er sich auch schon darangemacht, mir mit jenem Stock das Fell zu gerben; und er hat mir mehr Schläge verpaßt, als man dem Esel eines Holzfällers verabreichen würde. Und wegen

meiner Beine, die nicht so flink waren wie die seinen, konnte ich mich nicht in Sicherheit bringen. Ich kann dir versichern, daß ich mit den Fersen meine Hinterbacken schlug, bis er mich schließlich doch einholte und festhielt; und er brüllte immerfort: ‚Ah, du Riesenlaus! Um wieviel näher muß doch dieser Weg sein, daß man sogar Wetten deswegen abschließt und hier durchgeht? Und

ihr müßt daherkommen und mir mein Land zertreten und neue Wege machen, nur um ein paar Schritte zu sparen. Der Teufel soll mich holen, wenn es mir nicht gelingt, daß euch die Lust vergeht, hier durchzumarschieren!' "

„Wird wohl der Besitzer dieser Gegend gewesen sein", meinte Toniello.

„Und ob er's war! Mein Rückgrat weiß es, und auch die Rippen und der Nacken und die Hinterbacken können es bestätigen!"

„Hat er dich verletzt?"

„Verletzt? Zermalmt hat er mich! Ich weiß überhaupt nicht, wie ich ihm entkommen bin. Es muß wohl sein, daß Gott es so gewollt hat und nicht anders. Und das ist noch nicht einmal das Allerschlimmste!"

„Was sagst du da?" rief Toniello. „Sind dir etwa noch ärgere Dinge zugestoßen?"

„Cielos!" erwiderte Panello. „Stell dir vor, kaum war ich diesem Teufel entkommen und an die sechs Dutzend Schritte gelaufen, da zack! sprangen hinter einem Sandhaufen zwei Banditen hervor, zeigten mit einem Schießeisen auf meine Brust und riefen: ‚Geld oder Leben!' Ich mußte also die Mitgift meiner Frau hervorholen und hatte keine andere Wahl, als sie ihnen in den Rachen zu werfen, sonst hätte ich wohl das Leben ausgehaucht."

Panello begann abermals zu fluchen und zu wünschen, daß der Blitzschlag, die Pest oder die Fallsucht jene Stunde heimsuchen möge, in der er jene Abkürzung eingeschlagen hatte. Aber davon wurden weder die Schläge ungeschehen gemacht, noch verschwanden deren Spuren auf Rippen, Rückgrat, Nacken und Hintern, noch brachte es die fünfzig Goldstücke zurück.

Toniello aber sagte sich immerfort: „Hundert- und aberhunderttausend Schwadronen von besoffenen Teufeln! Was wäre aus meinem Rücken und den dreihundert Goldstücken geworden, wenn mir der König nicht jenen Rat gegeben und ich ihn nicht befolgt hätte? Es ist schon wahr: Das Gold hat der König; ich aber habe seine Ratschläge und einen gesunden Rücken und die Rippen und den Nacken in Ordnung!"

Er blieb noch eine Weile bei Panello, und als er sah, daß dieser keine ernsthaften Verletzungen hatte und sein Zustand vorübergehen würde, machte er sich wieder auf die Beine, denn es war noch ein paar Tage hin, bis er in sein Dorf gelangen würde.

Er ging und ging, die Nacht brach herein, und in der Ferne sah er ein Lichtlein schimmern. Er ging darauf zu, und als er vor einem Haus stand, ging er hin und poch! poch! klopfte an die Tür.

„Wer ist's?" riefen die im Haus.

„Ein armer Wandersmann, der für diese heilige Nacht um Unterkunft bittet", antwortete Toniello.

Die Tür wurde geöffnet, und er stand vier oder fünf Männern gegenüber, die gerade dabei waren, einen anderen zu vierteilen; und sie hatten ihm bereits den Kopf und die Beine abgehackt und sie bluttriefend an einen Haken gehängt. An den Wänden dort waren überall Köpfe, Beine und Brustkörbe von Menschen aufgespießt, die einen schrecklichen Anblick boten.

Toniello tat es schon leid, daß er angeklopft hatte. Seine Beine wollten von selbst kehrtmachen; aber dann ging er geradewegs hinein, denn es schien ihm, daß er seine Lage nur noch schlimmer machen würde, wenn er flüchtete.

„Ave Maria, allzeit Reine!" grüßte er.

Die anderen gaben ihm darauf keine Antwort.

„Ihr könnt Euch setzen oder in die Küche gehen, um Euch zu wärmen", sagte der eine zu ihm, der der Hausherr zu sein schien. Toniello trat in die Küche, in der die Wände gleichfalls mit Beinen, Köpfen, Armen und Brustkörben von Menschen behängt waren.

Er setzte sich in eine Ecke. Die Haare standen ihm zu Berge, das Herz schlug ihm bis zum Hals, bumm, bumm, und er zitterte wie der Kamm von einem Hahn. Ihm wurde schwarz vor Augen.

Nach einer Weile kamen die anderen in die

Küche und setzten sich vor das Feuer, und man unterhielt sich lange Zeit über alle möglichen Dinge. Einige Male verspürte Toniello das heftige Verlangen, von den anderen Aufklärung über jene getrockneten Früchte an den Wänden zu fordern. Aber als er daran dachte, wie schlimm es zuvor Panello ergangen war, erinnerte er sich wieder an den Rat des Königs: Misch dich nicht in die Angelegenheiten anderer, wenn du nicht darum gebeten wirst. Und so hielt er den Mund und sagte nichts.

Die anderen begannen nun, ihn nach Neuigkeiten zu fragen, und wollten von ihm dies und das wissen. Er gab allen Antwort, war aber immer vorsichtig darauf bedacht, nicht nach dem Grund für all die Schreckensdinge zu fragen.

Sie luden ihm zum Abendessen ein, und zu guter Letzt gaben sie ihm eine Decke, und so konnte er gehen und sich schlafen legen.

Am nächsten Morgen stand er auf, gab die Decke zurück, sie luden ihn zum Frühstück ein, und es wurde geschwatzt und geschwatzt. Er aber war vorsichtig und hütete sich zu fragen, was es mit dieser Schar von aufgespießten Köpfen, Beinen, Armen und Brustkörben für eine Bewandtnis hätte. Nicht, daß er keine Lust dazu gehabt hätte, aber der Rat des Königs bewahrte ihn davor, den Mund aufzumachen und zu fragen.

Nachdem man gefrühstückt hatte, verabschiedete er sich von dem Hausherrn und dankte ihm dafür, daß er ihm für die Nacht Unterkunft gewährt hatte. Der Hausherr steckte die Hand in die Tasche und holte daraus vier Goldmünzen hervor, dann sagte er: „Nimm das und schlag es mir nicht ab! Vierzig Jahre bin ich nun schon hier, und viele Männer sind seither vorbeigekommen, aber keiner war wie du. Als ich der Besitzer dieses Hauses wurde, kamen die Leute vorüber, und jedem mußte ich über alle meine Angelegenheiten Auskunft geben, bis ich mir schwor, den Nächstbesten, der sich ungebeten in meine Angelegenheiten einmischen würde, zu vierteilen. Es kam einer, mischte sich ein und war auch schon in Stücke gehackt, und die hingen an der Wand. Ein

anderer kam daher, und sogleich begann er zu fragen: ‚Und was ist das? Was soll das? Warum ist das so bei dir?‘

‚Gleich werden wir es dir sagen‘, gaben wir zur Antwort, und keine halbe Stunde später war er schon an den Wänden aufgehängt.

Von da an wollten alle, die hier haltmachten, wissen, was es mit diesen Köpfen, Armen, Beinen und Brustkörben auf sich habe, und sie alle wurden von uns geviertelt und an diese Wände gespießt. Wärest du auch solch ein zudringlicher Kerl gewesen wie sie, würdest du dich jetzt ebenfalls befinden, wo die anderen sind. Weil du aber geschwiegen und dich nur umgesehen hast, und weil du dich nicht um Dinge gekümmert hast, die dich nichts angehen, kannst du nun ganz frei und unbehelligt fortgehen. Ich aber gebe dir diese vier Goldstücke mit auf den Weg, den du noch vor dir hast; und sollten sie dir zu wenig sein, so sage es nur, ich werde dir noch mehr geben.“

Toniello standen die Haare kerzengerade zu Berge, als er dies hörte und sah. Und weil er es dort nicht länger aushielt, bedankte er sich recht herzlich, stieß ins Horn und sah, daß er fortkam.

„Hundert- und aberhunderttausend Körbe voll grüner Nester!“ fluchte er, sobald er das Haus ein Stück hinter sich gelassen hatte. „Da bin ich ja gerade noch einmal davongekommen! Sieh nur, wenn ich den Mund aufgemacht hätte, wo ich doch so neugierig war… Ach, was wäre wohl ohne den Rat des Königs geschehen? Da wäre ich nun also geviertelt, zerstückelt, und meine Bröcklein würden dort an den Wänden hängen. Tausendundeinmal gesegnet sei die Stunde, in der ich mir jene Ratschläge erbeten habe! Hundert Goldstücke hat mich jeder gekostet; aber das Leben ist

viel mehr wert als alles Geld der Welt, und diese Ratschläge haben mich schon zweimal gerettet. Also aufgepaßt, daß ich sie ja niemals mißachte und sie mir nicht abhanden kommen, sind sie doch die Frucht der Arbeitstage und der Sonntage."

Und er ergriff den Faden an diesem Ende, und ich kann euch versichern, daß er ihn flugs auf-

wickelte, indem er sogleich die Beine unter die Arme nahm, um schnell nach Hause zu gelangen. Und die einzige Sorge, die er hatte, war die, ob seine Frau und sein Sohn noch am Leben sein würden.

Als er durch ein Dorf ging, traf er einen Mann, der Flinten verkaufte, und er kaufte ihm eine ab, für den Fall, daß er angegriffen würde oder angreifen müsse, und mehr noch wegen der vier Goldstücke, die er dafür gab.

Mit dem Schießeisen beladen, kam er bei stockfinsterer Nacht in sein Dorf und steuerte geradewegs auf sein Haus zu. Doch da es verschlossen war, guckte er durch das Schlüsselloch und sah seine Frau, die mit einem Kaplan beim Essen saß. Sogleich schwante ihm Übles, und er drückte sein Kinn an die Flinte und wollte auf die beiden schießen.

Doch wie er schon beim Zielen war, spürte er einen Stich in seinem Herzen, so als wollte es ihm sagen: „Was machst du denn nun wieder? Was soll der Unsinn? Hat dir der König nicht den Rat gegeben, daß du, bevor du eine Sache tust, sie dreimal bedenken sollst?"

Da sagte sich Toniello: „Es gehört sich, daß ich hineingehe und zuerst schaue, was es damit auf sich hat; und dann ist für mich immer noch Zeit zu schießen, falls hier ein schmutziges Spiel gespielt wird."

Er nahm also sein Kinn von der Flinte, hängte sie sich über die Schulter und klopfte poch! poch! an die Tür. Die Frau öffnete, und wie er nun vor ihr stand, sah sie ihn von oben bis unten an; sie erkannte ihn, fing an zu schreien und umklammerte ihn weinend, dann sagte sie zu jenen Kaplan: „Mein Sohn, das ist dein Vater! Gib ihm die Hand!"

Toniello erstarrte zu Stein, er wußte nicht, wie ihm geschah.

„Das ist dein Sohn, den du bei mir zurückgelassen hast", erklärte ihm die Frau. „Gott hat mir beigestanden, ich konnte für ihn aufkommen und auch für seine Schulen; nun hat er seine letzten Weihen empfangen, und morgen liest er seine erste Messe."

Da umarmten sich alle drei, weinend vor Glück. Aber wer am meisten weinte, das war Toniello, der die Stunde segnete, in der er den König um die drei Ratschläge gebeten hatte, und der nun überzeugt war, die dreihundert Goldstücke, die sie ihn gekostet hatten, gut angelegt zu haben. Und er erzählte seiner Frau und seinem Sohn alles, was ihm widerfahren war.

Am nächsten Morgen las sein Sohn die erste Messe. Als sie mit dem Essen fertig waren, holte Toniello jene Pastete hervor, die der König ihm gegeben hatte, und die er erst an dem Tage anschneiden sollte, an dem er am glücklichsten sein würde.

„Heute ist es soweit", sprach er, „heute soll sie angeschnitten werden. So glücklich wie heute werde ich wohl nie mehr sein, kein bißchen mehr!" Er schnitt die Pastete an, und was sagt ihr dazu? In ihrem Inneren lagen die dreihundert Goldstücke, die er für die drei Ratschläge des Königs bezahlt hatte. Nicht nur Toniello, sondern auch die Frau und der Sohn glaubten, den Verstand zu verlieren vor lauter Glück, und sie hörten nicht auf, Gott von ganzem Herzen zu danken. Und so lebten sie, bis sie gestorben sind. Und wer's nicht glaubt, soll gehen und nachsehen. ◆

UNTER SCHWACHKÖPFEN

Das Märchen von den drei Brüdern,
die aus wenig viel machten

◆

Nun, ihr müßt wissen, daß es in einem Winkel dieses Landes, wo jedermann eine Nase hat, einen sehr armen Vater gab, der drei Söhne hatte. Er konnte sie kaum ernähren, und als Aussteuer hatte er für sie nur den Tag übrig, an dem er sterben würde. Eines Tages rief er sie zu sich und sprach zu ihnen:

„Meine Söhne, ihr seht schon, daß ich weder etwas habe, um euch zu erhalten, noch etwas besitze, das ich euch als Aussteuer mitgeben könnte. Ihr müßt in die Welt hinausziehen und euer Glück suchen. Ich will euch dreien das eine oder andere mitgeben, damit ihr ein Andenken an mich bei euch habt, und wenn ihr es versteht, dessen Wert zu erkennen, und wenn ihr aufgeweckt genug dazu seid, dann könnt ihr mit diesen Dingen zu Reichtum gelangen. Ich schenke euch den Hahn, die Katze und die Kesselhaken, und Gott möge euch das Glück dazugeben."

Jedem von ihnen gab er eines der drei Dinge, die er ihnen versprochen hatte. Er küßte sie und begleitete sie zur Tür.

Die drei Burschen zerbrachen sich zuerst den Kopf darüber, was sie mit den drei albernen Dingen beginnen sollten, die sie als Mitgift bekommen hatten, doch dann hob jeder das seine auf die Schulter, und sie machten sich auf den Weg, der eine hierhin, der andere dorthin und der letzte woandershin.

Der älteste Bruder mit seinem Hahn ging so lange, bis er in eine fremde Stadt kam. Er stieg in einem Wirtshaus ab und fragte, ob man ein Abendessen für ihn hätte. Man erwiderte ihm, ja, er könne eines haben, aber er müsse sich beeilen, da man sich auf den Weg zum Bußgang machen müßte. Er verstand rein gar nicht, was sie damit sagen wollten, setzte sich aber an den Tisch und begann zu essen. Mitten im Schmausen vernahm er einen lauten Lärm, den machte eine ganze Schar von Leuten, die unter Weinen, Ächzen und Stöhnen auf der Straße vorüberzogen und dabei Ketten mit sich schleppten.

Voll Verwunderung streckte er den Kopf zum Fenster hinaus und sah, daß alle in schwarzen Kleidern einhergingen und Ketten hinter sich herschleiften. Die Frauen waren ganz zerzaust, weil sie sich die Haare rauften, und jede heulte und stöhnte.

Er dachte sich, daß ein großes Unglück geschehen sein müsse, und wollte den Wirt danach fragen. Der aber war gerade dabei, mit den anderen Leuten des Gasthauses hinauszugehen, um sich

dem Trauerzug anzuschließen, und machte, wie alle anderen mit einer Kette um den Hals, ein weinerliches Gesicht, wimmerte und konnte kaum sprechen, als er sagte:

„Wir müssen gehen, um Buße zu tun, damit morgen die Sonne aufgeht, denn würde sie nicht aufgehen, so müßten wir Armen allesamt sterben. Jeden Abend, nach dem Essen, gehen wir, die

Leute dieses Dorfes, in Ketten und Büßerhemden auf jenen Berg dort außerhalb des Dorfes und bitten die Sonne unter Tränen, daß sie aufgehen möge, denn würde sie nicht aufgehen, was sollten wir Armen dann tun?"

Als der Fremde dies hörte, glaubte er, unter Schwachköpfe gefallen zu sein, und er sagte zu dem Wirt: „In meinem Dorf machen wir etwas ganz anderes, damit die Sonne aufgeht. Wir nehmen ein bestimmtes Tierchen, das ruft nach ihr, und kaum hat es gerufen, da geht die Sonne auch schon auf, denn man sagt, dieses Tier sei ihr Vater. Und genauso wie eure Kinder aufstehen, wenn ihr sie ruft, geht auch die Sonne auf, sobald es nach ihr schreit."

Der Wirt war ganz verblüfft, er wollte es kaum glauben, und er fragte ihn, was für eine Art von Tier dies sei. Der Bursche zeigte ihm den Hahn, und er schlug ihm vor, die Probe zu machen. Dazu aber müsse er auf die Straße gehen und allen sagen, daß sie heute nicht auf den Berg gehen sollten, um die Sonne herbeizuflehen, denn so könnten sie sehen, wie jenes Tier zur rechten Zeit schreien und die Sonne aufgehen werde. Und er erklärte sich bereit, sich töten zu lassen, sollte er sie irregeführt haben.

Der Wirt lief hinaus, und sogleich ging die Kunde in der ganzen Stadt von Mund zu Mund. Da wurde geredet und noch mehr geredet: „Wir gehen doch, wir bitten sie doch! Sollen wir ihm glauben? Wir hören gar nicht auf ihn!" – aber nach langem Hin- und Hergerede und Geschwätz beschlossen sie, den Bußgang nicht abzuhalten.

Der Bürgermeister, der Richter, der Arzt, der Schulmeister und alle Gelehrten begaben sich in das Wirtshaus, um jenes Tier in Augenschein zu nehmen, denn sie hatten noch nie etwas gesehen, das ihm auch nur im entferntesten ähnlich gewesen wäre; und so besaßen sie nicht Augen genug, um es zu bestaunen.

Eine ganze Weile nach Mitternacht begann der Hahn zu schreien: „Quic quiri quiiic, quic quiri quiiic!" Die ganze Schar von Dummköpfen bekam einen gehörigen Schreck, und alle warteten mit klopfenden Herzen darauf, ob die Sonne nun aufgehen würde oder nicht. Und sieh da, nach einer Weile kam die Hebamme, die ein wenig wunderlich war, und schrie: „Die Sonne geht auf, die Sonne geht auf!"

Der ganze Haufen von albernen Tröpfen konnte es kaum fassen, und unverzüglich liefen alle zu dem Fremden, um ihm zu sagen, daß er ihnen das Tier verkaufen müsse, koste es, was es wolle.

Der Bursche erwiderte, daß er das ganz und gar nicht wolle, da er nicht wisse, wo er noch so eines würde finden können. Er ließ sich sehr lange bit-

ten, doch zuletzt gaben sie ihm einen Sack voll Geld dafür, den nicht einmal ein Maultier hätte tragen können. Der junge Mann aber, der nun glücklicher war als an allen Weihnachten zusammen und reich, unermeßlich reich, machte sich auf den Weg nach Hause.

Der mittlere Bruder kam in eine andere Stadt von Dummköpfen. Gleich bei seiner Ankunft bemerkte er, daß dort ein großes Durcheinander herrschte. Eine große Menge Leute lief auf der Straße umher, bewaffnet bis an die Zähne mit Stöcken, Flinten, Messern, Säbeln, Dolchen und Besen.

Die einen deuteten: „Dahin muß sie sein!" Und die anderen: „Ich hab sie dort vorbeilaufen sehen! Mir scheint, sie ist ins Loch geschlüpft! Ich glaube, sie ist schon wieder hinausgesprungen!" Und alle waren zu Tode erschrocken und zitterten wie das Blatt im Wind.

Der Bursche fragte, was denn geschehen sei, und ein uralter Mann, der als der weiseste unter

den Einwohnern galt, erklärte ihm: „Ein armer kranker Mann ist durch das Dorf gegangen, mit einem großen Sack auf dem Rücken, und hat uns eine Art von Tierchen gebracht, das man, so glaube ich, Maus nennt. Nun haben wir gehört, daß diese Mäuse alles zernagen und alles fressen; und seht nur, was das für ein Unglück wäre, wenn diese uns die Kirche fräße, wenn sie den Bürger-

meister anknabbern oder den Glockenturm zernagen würde. Das ganze Dorf ist nun auf den Beinen, und wir sehen zu, daß wir sie fangen können. Aber da sie so klein ist, versteckt sie sich überall und läuft viel schneller als wir. Darum wissen wir vor lauter Aufregung nicht aus noch ein."

Als nun der Bursche dies hörte, da lachte er nicht schlecht darüber und sagte zu dem Alten: „Ich trage ein Tierchen bei mir, das fängt die Maus im Handumdrehen, wenn ihr wollt, und frißt sie und gibt euch eure Ruhe wieder."

„Ach was? Da kann nicht sein! Ihr wollt uns nur zum Narren halten. Aber wenn es die Wahrheit wäre, würde das Glück wieder in dieses Dorf zurückkehren, und wir würden Euch alles geben, was Ihr von uns verlangt."

Der Fremde ließ die Miezekatze laufen, die er in seinem Mantelsack mit sich trug. Und kaum sah diese sich freigelassen, da lief sie auch schon hinter der Maus her, und im nächsten Augenblick hatte sie sie gefangen und verschluckte sie vor den Augen der staunenden Dorfbewohner, die es nicht fassen konnten.

Der Bürgermeister und der ganze Gemeinderat machten dem Fremden sogleich Angebote, damit er ihnen den Schatz von einem Tier verkaufe. Der Bursche ließ sich ein wenig bitten, aber zu guter Letzt verkaufte er sie ihnen für sieben Beutel voll mit Geld. Ihr könnt euch vorstellen, wie zufrieden er damit war, und springend und tanzend eilte er nach Hause.

Beladen mit den Kesselhaken, gelangte der jüngste Bruder in eine weitere Stadt von Schwachköpfen. Er ging in ein Gasthaus und sah, daß alle Leute des Gasthauses mit verbundenen Armen umherliefen und einem Häufchen Unglück gli-

chen. Er fragte sie, ob sie ihm etwas zu essen geben könnten. Sie erwiderten, das ginge nicht, sie könnten nämlich nicht kochen, da sie dazu immer den Kessel über das Feuer halten müßten und sich schon arg verbrannt hätten. Und bevor nicht irgendeiner von ihnen wieder halbwegs in Ordnung sei, könnten sie keinen Gast aufnehmen.

Der Fremde war ganz erstaunt, er verstand überhaupt nicht, was sie damit sagen wollten. Aber nachdem er längere Zeit mit ihnen geschwatzt hatte, bekam er schließlich heraus, daß diese ganz und gar tölpelhaften Leute keine Kesselhaken benützten, und daß sie die Töpfe und Kessel zum Kochen brachten, indem sie sie mit den eigenen Händen über das Feuer hielten.

Und jedesmal, wenn sie etwas kochen mußten, verbrannten sie sich dabei die Hände und konnten erst wieder damit beginnen, wenn die Brandwunden geheilt waren.

Er erzählte ihnen, daß er ein Tier, ganz aus Eisen, besitze, das weder fresse noch sich bewege, keinen Lärm mache und auch sonst nicht störe. Es hänge an einem Bein von der Decke über dem Herd herab und halte den Kessel mit seinem Maul.

Jene armen Leute waren starr vor Staunen, und sie baten ihn, er möge doch so gut sein und es ihnen zeigen. Der Fremde sagte darauf zu ihnen, sie sollten schon einmal die Probe machen, indem sie für ihn das Essen bereiteten. Sie hingen die Kesselhaken über den Herd und den Kochtopf daran, und auf der Stelle begann er zu brodeln, ohne daß sich irgend jemand verbrannt hätte.

Jene Leute wurden beinahe toll vor Freude, und es schien ihnen, als könnte dieses Eisentier die Glückseligkeit selbst für sie werden. Der Wirt versprach ihm dafür einen Krug Geld, den er im Keller vergraben hatte. Der Fremde spielte noch eine Weile den Unentschlossenen und ließ sich bitten, doch schließlich stimmte er zu, und ab ging's nach Hause mit dem Krug auf dem Rücken.

Die drei Brüder trafen sich zu Hause wieder, überglücklich und zufrieden, und sie erkannten, daß ihr Vater recht gehabt hatte, denn mit jenen drei Gaben, die so wenig Wert besaßen, hatten sie es zu großem Reichtum gebracht.

I mig món diu que si
i l'altre mig diu que no,
i aneu a saber
qui té la raó,
i si el conte us ha agradat
deu-lo per ben escoltat.

Die halbe Welt sagt ja,
die halbe Welt sagt nein,
und geht, um zu erfahren,
was nun wahr soll sein.
Und war das Märchen etwas wert,
dann nur, weil ihr gut zugehört. ◆